公共汉语
系列教材

中文阅读提高教程

刘元春 编写

上海交通大学出版社
SHANGHAI JIAO TONG UNIVERSITY PRESS

内容提要

本书是留学生公共汉语系列教材之一。全书从中国文化中的政治、经济、军事、科技、民族五大主题出发,每一主题下精选三篇篇幅适中的优秀诗词文章。除课文和详尽的注释外,还设置了"导读""编者按语""重点词汇""语法偏误""课堂练习""课后思考""延伸阅读"等栏目。丰富的内容和多样的形式,不仅有利于提升留学生汉语学习能力,而且可以使其感悟到博大深邃的中华优秀传统文化。

图书在版编目(CIP)数据

中文阅读提高教程/刘元春编写. —上海:上海交通大学出版社,2022.10
ISBN 978 - 7 - 313 - 20601 - 5

Ⅰ.①中…　Ⅱ.①刘…　Ⅲ.①汉语—阅读教学—对外汉语教学—教材　Ⅳ.①H195.4

中国版本图书馆 CIP 数据核字(2018)第 277448 号

中文阅读提高教程

ZHONGWEN YUEDU TIGAO JIAOCHENG

编　写:刘元春
出版发行:上海交通大学出版社　　　　地　址:上海市番禺路 951 号
邮政编码:200030　　　　　　　　　　电　话:021 - 64071208
印　制:上海颛辉印刷厂有限公司　　　经　销:全国新华书店
开　本:787mm×1092mm　1/16　　　印　张:8
字　数:169 千字
版　次:2022 年 10 月第 1 版　　　　　印　次:2022 年 10 月第 1 次印刷
书　号:ISBN 978 - 7 - 313 - 20601 - 5
定　价:36.00 元

序　言

随着中国国力和世界影响力的提升，来华攻读学位的留学生的数量和质量在不断增长和提升。针对其文化背景的复杂多样、汉语能力的显著差异，开设学位留学生中文基础课程，以及在此基础上编纂符合学位培养目标的相关教材，是当今高校需要深思的当务之急。经过十年的教学实践，编者将上海交通大学学位留学生必修课"核心阅读"（后更名为"高级汉语阅读"）的授课讲义，不断打磨和修订，中间数易其稿，最终编纂成这本《中文阅读提高教程》。

毋庸赘言，学位留学生与中国籍学生一样，需要经过全日制本科或研究生阶段的培养。然而绝大部分学位留学生的汉语听说读写能力亟须提高，他们对中国传统社会、历史文化与当下生态的了解尚不全面。鉴于此，本教材从中国文化中的政治、经济、军事、科技、民族等五大主题中取材，依据主题，各遴选出三篇篇幅适中的优秀诗词文章。通过这些优美的文辞语句，留学生既可提高自己的语言文字水平，也能增强对中国传统文化的深入了解。

每一章的开卷处，均写有"导读"，概括该章内容及讲授主旨。"导读"后附有三或四个关键词，便于留学生从中抓住学习思路。

每篇课文之后，配有"编者按语""重点词汇""语法偏误""课堂练习""课后思考""延伸阅读"等六个栏目内容。

"编者按语"栏目对该篇课文的内容、主旨及相关文化事项进行深入解读。例如，在第一章第一课的按语中，编者点明了"弼马温"一词的内涵，即母猴的月经流到马的草料上，马吃了就可以避马瘟，其实质是天界对孙悟空的极大嘲弄。同时还引用鲁迅的话，说明《西游记》这一神魔小说的创作背景和目的；通过交代作者吴承恩的身世，突显此书的意义和价值。

"重点词汇"栏目将该篇课文中出现的体现章节主题和编者主旨，同时又具有重要文化背景和一定深度的词汇，按逻辑分组列出。例如，第一章《千古一帝》的重点词汇为《史记》、史书，三皇五帝、天子、诸侯、宗族、子弟，丞相，谥号、名号，功业、罪过、流芳百世，控制、诛灭、焚书坑儒、书同文，四海、郡县。

"语法偏误"栏目按照名词、代词、数量词、动词、形容词、副词的顺序，将留学生汉语语法学习中的难点和易混易误的部分抽取出来，对应课文中的语句进行解析，以满足留学生学习汉语语法知识和提高语法运用技巧的需求。

每篇课文的"课堂练习"部分包含6～8道题目,基本类型包括判断、填空、选择、连线、简答,力求使多样化的题型适合多样化的教学目标。例如,第四章《张衡传》中的简答为"合上课本,请描述一下地动仪的工作原理"。该题可以考查留学生掌握中国古代科技知识的水平和汉语口语表达、逻辑思维、说明文构思与写作的能力。又如,第五章《关于话剧〈王昭君〉的创作》中的填空题:"汉字中'灬'基本上来自'＿＿＿＿'的变形,所以'熬''煎'等字均与＿＿＿＿有关。"这道题目考查的是汉字知识和运用能力的提高。这类题目的设置,能够有效激发学生的学习兴趣。

"课后思考"栏目供学生课后继续对该主题展开学习。编者力求照顾到汉语知识与文化常识之上的人文关怀和精神追求。例如第三章中,教材设置了这样的题目:"秦皇汉武、唐宗宋祖,自亚历山大至成吉思汗,从恺撒到拿破仑,再由华盛顿至毛泽东,辨证分析并深刻理解伟大的军事家在和平与文明征程中的作用。"了解诸多历史人物,需要留学生接触不同背景的文化,并尽可能融会贯通。有效的思考既能打开学习者的格局和心胸,又能升华其思想和心灵。

"延伸阅读"栏目列出留学生力能所及的阅读参考资料(包括部分影音文献)。在第一章《少年中国说》一课中,编者给出了四篇书目:鲁迅的《范爱农》、胡适的《五四运动纪念》、〔美〕黄仁宇的《万历十五年》、〔美〕亨利·基辛格的《论中国》。它们均为中外名家名作,篇幅长短有异,风格多样,语言深浅不一。留学生可根据自己的汉语能力,选择相应的篇目阅读。

插图方面,编者尽可能选取能够发人深省的相关图片,在读图时代,让学习者能够产生视觉、审美和思辨的冲击。例如,在第四章的《"医圣"华佗》中,课文附录了湖南省博物馆所藏,1973年湖南长沙马王堆3号汉墓出土的《导引图》。

本书的注释也是一大特色。细心的学习者可以发现,数量如此庞大的注释,并非是词义解释这般简单,而是教师课堂教学的有益延伸。其中包含的大量的文化常识有助于培养学生的语言文字能力。就数千年中华文明的海量信息而言,本教材中丰富的注释,其重要性和价值并不亚于正文内容。

一直以来教材注释存在"避重就轻"的问题。本教材力求真实、明了、有效、实用。例如"孕",常见字典、词典注释为"胎,怀胎",这样的注释对大部分留学生而言,掌握起来较为吃力。因此本书没有直接复制工具书中的义项,而是做了如下注释:

孕(yùn):胎,怀胎。早期字形像妇女大肚子中怀有小孩儿的样子。也常比喻酝酿(yùn niàng)、孕育着新事物。

注释文字辅以字词例证,同时尽可能穿插其他语言能力的培养。如对"悠悠"的注释,教材对每条义项都添加了例证,在关联词或承接语上则使用了"可以""也可""还能表示""另外""或"等词汇加以延伸,使读者在获得释义知识外,在语法方面的学习也能得到裨益。从另一角度理解,本书注释的语言格式并不死板,使用者在有限的篇幅内,可以更多层次地接触汉语知识、训练汉语能力。

本教材注释部分还注重汉字知识的讲授,以及语言文字的内在关联性。例如对"鄢郢"

的解释,首先分析该名字产生的原因,其次将偏旁"阝"(右耳旁)提取出来,解释其是由古代汉字中的"邑"(yì)变形而来,并举"邻"(古代汉字写成"鄰""鄰")字为例,分析大多数带有"阝"(右耳旁)的字多和地名、邦郡有关。不仅如此,该脚注又对"阝"(左耳旁)展开分析。留学生在学习相关历史知识、文化常识之外,还能从汉字构件"阝(阜)""阝(邑)"的对比中,获得一系列同构件汉字的整体性把握。

另外,每条字词的注释均注以汉语拼音。不同汉语水平的学习者均可借由注音更好地阅读和掌握课文内容。对于难的阐释或较难理解的内容则辅以英文。

例如"奸诈(jiān zhà):虚伪(wěi)、诡(guǐ)诈,狡猾,做事刁钻,极其阴险。英文可译为treacherous、crafty、fraudulent、on the crook、bad faith。"之徒(zhī tú)"即某某样子的人,如亡命之徒、好色之徒"。

当然,对于汉语能力较强的学生,如此丰富的注释也还是留有很大余地,例如,"道(dào):说,讲述。古代常用的表示说的动词有云、曰、言、道、说、谓、讲等等"。教材并未全部说透,而是引导汉语程度较高的学生:若想要了解更多,可以以此为契机,自行动手去查找和学习。

本教材于细微处见师心。对二语习得者而言,篇幅较长的阅读内容总会带有视觉上的难度,为此本教材于每行文字对应的书页竖边空白处插入行号,便于读者快速、准确翻找和查阅。本书还与时俱进,引入新的标点符号规则,例如多个引号和书名号并列时,去掉顿号;又如标示时间、地点起止时,使用"—"代替了以往的"-";再如标示数量范围时,使用连接符"~",在不引起歧义的情况下,一般只在后一数值后添加计量单位。汉语标点符号知识的掌握,也是留学生汉语能力的必要组成部分。

本教材既不是单纯的汉语学习教材,也不是专门的文化概论教材,而是融汉语学习、汉字认知、文化传递、人文熏陶于一体,适合具有一定汉语基础的非母语习得者使用的教材。本教材所选文章多为名家名篇,体裁上尽量兼顾各类型体式:诗歌、散文、小说、戏曲,包括应用文体的演讲稿和论说文,各文体兼备;文言、白话二语体并存;正史、民歌、传说多风格皆收。多样化的课文类型能够引发学习者丰富的审美感受和探究欲望。但考虑到留学生汉语能力的实际情况,编者对多数课文的原文进行了一定程度的改编,并且调整篇幅长短,以适应教学规律,特此说明。

本教材在编写中参阅了大量文献资料,如刘月华等的《实用现代汉语语法》、熊仲儒的《外国留学生动词偏误分析》等,也得到了历年教授的留学生的帮助,在此一并致谢!我们期望学位留学生通过本教材的学习,能够增强对中国优秀传统文化的亲近与热爱,并将其传播开来,传递下去。

本书选文的作者我们已尽力联系,部分未能联系到的作者请与我们联系领取稿酬,联系电话:021-60403003。

刘元春

2021 年 5 月 30 日

Contents

目　录

第一章

政治：政者正也

【导读】

　　广泛地说，"政治"指的是国家政权维护自身统治并对社会进行治理的行为。在古代中国，"政"和"治"有它们各自的意义和内涵①：前者主要指国家的权力、制度、秩序和法令；后者主要指管理人民和教化人民，也指实现安定的状态等。中国古代政治制度有一个显著特点：君主专制与中央集权制。君主专制意味着帝王总揽(lǎn)天下大权，包括行政、财经、司法、军事的权力；而中央集权制(centralization of authority)的意思是国家职权统一于中央政府，地方政府力量受到极大削弱或限制。中国古代天子、皇帝坐拥江山社稷②，拥有至高无上的权力，但由于缺乏有效的监督与制约，国家权力往往被滥(làn)用。清朝末年以来，越来越多的有识之士借鉴③了其他国家成功的政治经验，提出了许多改进中国政治制度的意见，君主专制遂成历史，中国开始进入漫长的民主改革时期。直到中国共产党领导人民取得胜利，中国才慢慢找到了一套适合自身发展的国家政治制度。

　　第1课《齐天大圣封为弼马温》，讲的是《西游记》中孙悟空被玉皇大帝召上天庭，受赐"弼马温"官职的故事，最终他发现这个官位只是徒有虚名④，便扬

---

① 内涵(nèi hán)：一个概念所反映的事物的本质属性的总和，也就是概念的内容。要注意与"内含"的不同，"内涵"是一个名词，使用时多用来说明文章或者艺术品富含的哲理；而"内含"往往作动词，是"里面含有"的意思。
② 社稷(shè jì)：原意指中国古代帝王、诸侯祭祀(jì sì)的土神和谷神，后来也用作国家的代称。
③ 借鉴(jiè jiàn)："鉴"在中国古代本指盛水的盆子，可以用作镜子。后来用"借鉴"比喻把别人的经验或教训借来对照学习或吸取。
④ 徒有虚名(tú yǒu xū míng)：名不符实，空有其名声，也作"徒有其名"。

长而去①。第 2 课《千古一帝》记述了首次实现中国大一统的秦始皇如何在官员的辅助下制定各种政策来维护政权稳定、实现个人统治。在第 3 课《少年中国说》中,作者梁启超用慷慨激昂的语调指出封建统治下的中国是"老大帝国",而只有"少年中国"才能紧跟世界发展的脚步,借此寄托了自己对中国前途的关切和期望。

【关键词】

权力崇拜②　官僚③　政治文化　官本位

---

① 扬长而去(yáng cháng ér qù):大模大样地径直离去。
② 崇拜(chóng bài):尊重、尊崇、敬佩,如英雄崇拜。
③ 官僚(guān liáo):官员、官吏。也指官僚作风、官僚主义。又引申为拘泥于陈旧的规矩、条条框框或在本部门作威作福的政府官员。

第1课 齐天大圣①封②为弼马温③

（根据《西游记》④第四回改编）

太白金星⑤与美猴王⑥一同出了水帘洞⑦，一齐腾云驾雾⑧往天空飞去。孙悟空的筋斗⑨云与众不同，速度十分快，把太白金星远远抛⑩在后面，不一会儿就到了南天门⑪外。孙悟空正想要收起筋斗云进入南天门，增长天王⑫却领着手下天兵天将⑬，手拿枪刀剑戟⑭，挡⑮住南天门，不肯放他进入。美猴王说："你这个太白金星真是个奸诈之徒⑯！既然请我来，又为何让人动刀动枪⑰，堵⑱住去路？"正在吵吵

---

① 齐天大圣(qí tiān dà shèng)：《西游记》中美猴王孙悟空的称号，意思是能力不亚于天神，与天地同辉，与日月齐光。

② 封(fēng)：帝王以爵位、土地、名号等赐给臣民。"封"字的早期形体是手执木苗等插进土中，意义为通过植树以划分疆(jiāng)界或领地。明代有神魔小说《封神演义》，又称《封神榜》。

③ 弼马温(bì mǎ wēn)："避马瘟"的谐(xié)音(字词读音相同或相近)，是指养马的小官。弼：辅助。瘟：发病。

④ 西游记(xī yóu jì)：明代中期长篇章回体小说，是中国神魔小说的典范性作品。二十卷，一百回，约成书于嘉靖(jiā jìng)末、万历初。现存明刊本未注明撰(zhuàn)者，清刊本称作者为丘(qiū)处机，后推定为吴承恩。吴承恩，淮安府山阳县(今江苏省淮安市)人，明嘉靖时贡生。罗贯中《三国演义》、施耐庵(ān)《水浒传》、吴承恩《西游记》及曹雪芹《红楼梦》，合称"四大名著"。

⑤ 太白金星(tài bái jīn xīng)：中国民间信仰及道教神仙中知名度非常高的神，在道教神话体系中他是玉帝的信使。而在中国古代天文学中，太白即金星，又名启明、长庚(gēng)，中国古代星象家认为太白星预示征战杀伐。

⑥ 美猴王(měi hóu wáng)：《西游记》中孙悟空是猴子变成的，他在花果山当了猴群的首领，所以被称作美猴王。

⑦ 水帘洞(shuǐ lián dòng)：瀑布遮挂的山洞，远看很像挂着的白色布帘。

⑧ 腾云驾雾(téng yún jià wù)：孙悟空学会了七十二种变化的法术后，他的师父菩提祖师便根据孙悟空异于平常的翻筋斗动作，特别授予筋斗云，并教他驾驭之术。菩提：梵(fàn)文 Bodhi 的音译，意译"觉""智""道"等，佛教用以指豁(huò)然彻悟的境界，又指觉悟的智慧和觉悟的途径。菩提祖师是《西游记》中的人物，法力不在如来佛祖之下。菩提祖师是一个佛教的名字，但是他气质打扮却是道家的，而行事思想又是儒家的。这个人物形象正迎合了当时三教合一的思潮。

⑨ 筋斗(jīn dǒu)：以头抵地，将身体颠倒翻过去的动作。

⑩ 抛(pāo)：丢弃，投，撇(piē)开。

⑪ 南天门(nán tiān mén)：神话传说中天宫的门户之一。现实中名山大川也有天门，如泰山有南天门。

⑫ 增长天王(zēng zhǎng tiān wáng)：佛教护法四大天王之一。

⑬ 手下天兵天将(shǒu xià tiān bīng tiān jiàng)：手下，指管辖下、领属下，或下属、员工。天兵天将，神话中指天神的士兵、将领。

⑭ 戟(jǐ)：古代兵器名，由戈、矛合为一体，外形略似戈。《三国演义》中吕布使用的兵器就是方天戟(历史上的吕布使用的其实是矛)。

⑮ 挡(dǎng)：阻拦，遮蔽。还有一个义项是用于调节机械运行速度及控制方向的装置，例如"换挡"的"挡"。

⑯ 奸诈(jiān zhà)：虚伪(wěi)、诡(guǐ)诈、狡猾，做事刁钻，极其阴险。英文可译为 treacherous、crafty、fraudulent、on the crook、bad faith。之徒(zhī tú)即某某样子的人，如亡命之徒、好色之徒。

⑰ 动刀动枪(dòng dāo dòng qiāng)：比喻拿着能伤人的器具激烈争斗。

⑱ 堵(dǔ)：阻挡，堵塞，不畅快。

1　嚷嚷①之时，太白金星飞到面前，悟空生气："你这老头儿，为什么骗我？你说玉皇大

2　帝②下旨③请我，却为何让这些人阻④住南天门，不放我进去？"金星笑着说："大王息

3　怒⑤。你未曾到过天堂，且又并不出名，天兵天将又与你素不相识⑥，怎么肯擅自⑦放

4　你进入？等一会儿我们见了玉皇大帝，封你为官，成为神仙，以后随便你出入，谁还

5　再敢阻拦你？"金星便对着天兵天将大声喊："天兵天将、大小官吏⑧，请打开南天门。

6　我旁边这一位是下界⑨的仙⑩人，玉皇大帝派我请他上天。"于是，守卫南天门的兵士

7　便打开了南天门，其他天兵天将也都渐渐⑪散开了。

8　　　太白金星领着美猴王，到了灵霄宝殿⑫外。未等玉帝宣诏⑬，径直⑭飞到玉帝宝

9　座的台阶之下。悟空昂首挺胸，并未行礼。金星对玉帝汇报⑮："陛下命我到人间，

10　带妖⑯仙前来。"玉帝垂帘⑰问他："你就是妖仙吗？"悟空这才躬⑱身回答："老孙便

11　是。"神仙们大惊失色⑲地纷纷指责⑳他："哪儿来的野㉑猴子！怎么不跪拜㉒参

12　见㉓呢？不仅如此，竟然㉔还敢随随便便㉕回应'老孙便㉖是'，罪该万死㉗！"玉帝

---

① 吵吵嚷嚷(chǎo chǎo rǎng rǎng)：吵嚷、喊叫、吵闹。叠字组成词语，类似的还有花花绿绿、高高兴兴等。

② 玉皇大帝(yù huáng dà dì)：道教中的天帝，简称玉帝、玉皇。"玉"是温润而有光泽的美石，"皇"指大、天、帝王等。

③ 旨(zhǐ)：也称"圣旨"(下文出现)，指帝王下的命令。

④ 阻(zǔ)：阻止、阻拦、阻挡。

⑤ 息怒(xī nù)：止怒，不要生气。

⑥ 素不相识(sù bù xiāng shí)：彼此一向不认识。素，向来，一直。

⑦ 擅自(shàn zì)：超越职权范围，自作主张。

⑧ 吏(lì)：古代对官员的通称。

⑨ 下界(xià jiè)：针对天上而言，指人间、凡间、俗世。有时也指地狱。

⑩ 仙(xiān)：神仙，古代宗教和神话传说中超脱尘世而长生不死者。

⑪ 渐渐(jiàn jiàn)：程度或数量逐渐地、慢慢地。

⑫ 灵霄宝殿(líng xiāo bǎo diàn)：亦作灵霄殿、凌霄殿、凌霄宝殿，神话传说中玉皇大帝朝见群臣的宫殿。霄的意思是云霄、天际、高空。

⑬ 宣诏(xuān zhào)：宣读诏书，下达诏命。这里指帝王宣布召见大臣。

⑭ 径直(jìng zhí)：直接；一直。下文有"径至"，意思是直接到某个地方。

⑮ 汇报(huì bào)：汇集材料向上级或群众报告，在文中是对上级进行口头报告。

⑯ 妖(yāo)：反常怪异的事物或现象。组词如妖精、妖怪、妖魔等，大致可译为 goblin、evil spirit。

⑰ 垂帘(chuí lián)：字面意思是放下帘子，实际多指皇后或太后辅助夫君或幼主临朝听政，这里指玉帝用帘子隔开君主和群臣，这是君臣礼仪。

⑱ 躬(gōng)：将腰身弯下。

⑲ 大惊失色(dà jīng shī sè)：非常惊恐，变了脸色。

⑳ 指责(zhǐ zé)：指出过失，责备，指摘，斥责。

㉑ 野(yě)：不合礼仪，不拘礼节。组词有"野蛮(mán)""粗野"等。

㉒ 跪拜(guì bài)：屈膝下拜，磕头。这是中国古代下级拜见上级的礼节。

㉓ 参见(cān jiàn)：以一定礼节晋见上级，是古代下属晋见上司的敬称。此外，"参见"有参考之意。

㉔ 竟然(jìng rán)：出于意料或常情常理以外。

㉕ 随随便便(suí suí biàn biàn)：随便，任意，不经心。这里也是叠字组词。

㉖ 便(biàn)：就是。文言文中常用，与"就"相似。

㉗ 罪该万死(zuì gāi wàn sǐ)：罪当万死，形容罪恶极大，死千万次也不可惜。

1　则平息①大家的怒气说:"那孙悟空乃是凡间②的妖怪,亦③不过是刚刚能够变成人的

2　形象,暂时④还不知道为人处世⑤的礼仪,你们姑且⑥恕罪⑦吧。"众神仙一起说:"多谢

3　玉帝宽宏大量⑧!"猴王这时又上前行了个大礼⑨。玉帝召集⑩文武百官,查看还有哪

4　些职位空缺,可以让孙悟空填补上去。这时,站在旁边的武曲星君⑪建议⑫说:"天宫

5　里各宫各殿,各地各处,并不曾有官职空缺,不过御马⑬监⑭现在正好缺一个管事的

6　神仙。"玉帝于是传下圣旨:"就让孙悟空做个弼马温吧。"众神仙、大臣及孙悟空一起

7　朝玉帝谢恩⑮。

8　　　于是,美猴王欢欢喜喜、蹦蹦跳跳⑯地就到御马监上任⑰去了。孙悟空上任之后,

9　马上召集大小官员、闲杂人等⑱,了解御马监方方面面的情况。美猴王查看了档案⑲,

10　点⑳明了天马数量。又吩咐㉑手下官员各司其职㉒。众人勤勤恳恳㉓,夜以继日㉔,天

---

① 平息(píng xī):(风势、纷乱、心情等)平静或静止。

② 凡间(fán jiān):世间、人间,一般是针对神仙世界而言的。

③ 亦(yì):副词,又,也,也是。

④ 暂时(zàn shí):一时,短时间内,目前,临时,暂且。

⑤ 为人处世(wéi rén chǔ shì):"为人"就是做人,"处"就是处理、接触,"世"就是外界的环境以及各种各样的事物。总的意思就是一个人生活在世上对待事情以及事务的处理方式与方法。

⑥ 姑且(gū qiě):暂且、暂时,短时间之内。

⑦ 恕罪(shù zuì):原谅过错,多用为请不要计较的客套话。

⑧ 宽宏大量(kuān hóng dà liàng):待人宽厚,度量大,能容人,不小气。

⑨ 行了个大礼(xíng le gè dà lǐ):行礼,指按一定的仪式或姿势致敬。这个句式在中文里很常用,如"吃了个苹果""看了部电影"等,皆为"动词＋了＋量词＋名词"的形式。

⑩ 召集(zhào jí):招来,把别人叫到一起。

⑪ 武曲星君(wǔ qǔ xīng jūn):武曲,星名。旧时迷信说法,人间诸事均有上天星宿(xiù)分别执掌。武曲星主管武事。星君,道教或民间信仰的星神。

⑫ 建议(jiàn yì):向有关方面提出自己的想法或主张。也作为名词使用。

⑬ 御马(yù mǎ):本指驾驭马匹,这里指"御用"(帝王使用)之马。

⑭ 监(jiàn):古代官署名称,如牧马监、钦天监等,其主官亦称监或少监。也是古代官名,多指主管监察的官员。作动词时读 jiān,意思是察看、督察。

⑮ 谢恩(xiè ēn):对别人的恩惠用礼节表示感谢,多指臣子向君主或上司谢恩。

⑯ 蹦蹦跳跳(bèng bèng tiào tiào):蹦跳、跳跃,形容高兴时欢快活泼的样子。

⑰ 上任(shàng rèn):指官吏就职。

⑱ 人等(rén děng):众人,许多人。"闲杂人等"即指在本部门没有职务的或没有关系的人。另外,有词语"诸色人等"表示各种各样、各色各等的人们。

⑲ 档案(dàng àn):具有参考价值、经过立卷归档集中保管起来的各种文件材料。英文可译为 files 或 records 等。

⑳ 点(diǎn):"点"有很多义项,这里指检验、查点。词语有"点名"。"点"还有其他义项:细小的痕迹或物体(点滴);量词,用于小的或少的(两三点雨);一定的位置或限度(极点、起点);项,部分,方面(有点、特点);引火(点火);指定,选派(点菜、点将);指示,启发(指点);计时的单位(几点钟);等等。

㉑ 吩咐(fēn fù):口头指派或嘱咐,一般是上级对下级或长辈对晚辈而言的。

㉒ 各司其职(gè sī qí zhí):各自负责掌握自己的职责,做好所承担的工作。反义词为"越俎代庖(yuè zǔ dài páo)"(越权办事或包办代替)。司职,担任某种职务、职责,主管其事的意思。

㉓ 勤勤恳恳(qín qín kěn kěn):勤恳,勤奋,勤劳而踏实,做事忠实不懈(xiè)。不同于"诚恳"(诚挚恳切)。

㉔ 夜以继日(yè yǐ jì rì):日夜不停,多用以形容人勤奋劳苦。

1　马也养得膘肥体壮①。

2　　　不知不觉已经半个多月过去了。有一天稍微②闲暇③之时，御马监里大小官员

3　安排酒席④，一则⑤给孙悟空接风⑥，一则向他贺喜⑦。正在畅饮⑧之时，猴王忽然停下

4　来问："我这个弼马温是个什么官衔⑨?"众人答曰："就是个官名啊!"孙悟空又问："这

5　官儿是几品⑩啊?"众人道⑪："没有品级哩!"猴王开心地说："没有品级，想必⑫是大到

6　极限⑬了吧?"谁料⑭众人调侃⑮："不大不大，一点儿都不大，只能称得上是未入流⑯

7　吧!"猴王问："啥叫'未入流'?"众人回答："末等。这个官儿，最低最小，也只配⑰来看

8　管天马。像您这样上任之后，一心一意，如此殷勤⑱，喂得马肥体健，到最后也只能得

9　到上级说一个'好'字;倘若⑲稍微有些不周⑳，则必被责罚;假如再有些疏忽㉑，还要

10　被兴师问罪㉒呢!"猴王听闻㉓这些话，怒火中烧㉔，咬牙切齿㉕，怒吼㉖道："胆敢㉗如此

---

① 膘肥体壮(biāo féi tǐ zhuàng)：形容牲畜肥壮结实。"膘"本指牲畜肥壮或其肥壮之处。下一段话有"马肥体健"，
　　意思相同。词语"人强马壮"，形容军队的战斗力很强或军容很盛。另有"心宽体胖"，原指人心胸开阔，外貌就会
　　安详，后来指心情愉快，无所牵挂，因而人也发胖，这里的"胖"字读 pán，意为安泰舒适。

② 稍微(shāo wēi)：略微，些许，表示数量少或程度浅。

③ 闲暇(xián xiá)：闲空，没有事情。"暇"字偏旁有"日"，与时光、日期有关。

④ 酒席(jiǔ xí)：酒宴、宴席，请客或聚餐用的酒和整桌的菜。

⑤ 一则(yī zé)：一方面，多用于并列叙述两件事时。它也与"二则""三则"等连用，列举原因或理由。此外，还表示
　　数量，一项、一条，如新闻一则、启事一则。

⑥ 接风(jiē fēng)：设宴款待远来或远归的人。同义词"洗尘"，两个词经常连用。

⑦ 贺喜(hè xǐ)：对吉庆之事表示祝贺。

⑧ 畅饮(chàng yǐn)：尽情、痛快地喝(酒)。

⑨ 官衔(guān xián)：官员的职位名称。旧时官吏的封号、品级及历任官职，统称为官衔。

⑩ 品(pǐn)：品级，指古代官职的等级。

⑪ 道(dào)：说，讲述。古代常用的表示说的动词有云、曰、言、道、说、谓等等。

⑫ 想必(xiǎng bì)：表示偏于肯定的推断。

⑬ 极限(jí xiàn)：最大的限度。

⑭ 谁料(shuí liào)：岂料，不料，没有料到，没有预见到，出乎意料。

⑮ 调侃(tiáo kǎn)：用言语戏弄、取笑、嘲笑，在本文中有无可奈何、苦中作乐的意味。

⑯ 流(liú)：品类，等级，"未入流"指官位不高。组词如"一流""上流"等。

⑰ 配(pèi)：够得上，有资格，词语有"般配""匹配"。

⑱ 殷勤(yīn qín)：热情周到、情深意厚，这里指工作勤劳、踏实、认真、负责。

⑲ 倘若(tǎng ruò)：如果、如若、假如、假使、倘使、若是，表示假设。

⑳ 周(zhōu)：本文指周全、周详、周到。"周"还有圈子、普遍的意思。

㉑ 疏忽(shū hū)：粗心大意、失误、疏漏、疏误、疏失。

㉒ 兴师问罪(xīng shī wèn zuì)：发动军队讨对方的罪过，也指因意见不合，集合一伙人去责问。师，军队。下一课
　　有"兴兵"。又有词语"兴师动众"，指动用很多力量。还有"大动干戈(dà dòng gān gē)"，比喻大张声势地行事。
　　干戈，古代的两种武器。

㉓ 闻(wén)：听见，听说，在古代汉语中很常见。今天还有用鼻子嗅(xiù)气味的意思。

㉔ 怒火中烧(nù huǒ zhōng shāo)：怒火在心中燃烧，形容心中怀着极大的愤怒。

㉕ 咬牙切齿(yǎo yá qiè chǐ)：形容痛恨至极，也形容把某种情绪或感觉竭(jié)力抑制住。

㉖ 吼(hǒu)：指猛兽大声鸣叫，或人在情绪激动时大声叫喊。

㉗ 胆敢(dǎn gǎn)：仗着有胆量而竟然敢于做某事。例如，"你胆敢骂我"(How dare you scold me)。

1　藐视①我孙悟空！我在那花果山②，称王称霸③，没想到竟然哄骗④我来替⑤他养马？
2　养马是后生⑥小辈⑦卑贱⑧之人所⑨从事⑩的，难道就用这种差事⑪来敷衍⑫我吗？不
3　做了，不做了！我走了！"忽喇⑬一声，把桌子一掀⑭，从耳中取出如意金箍棒⑮，轻念
4　咒语⑯，摇身一变，金箍棒变得碗口一样粗细，一个筋斗云，径至南天门。众天兵天将
5　知道孙悟空被封为弼马温，也不敢阻拦，就让他飞出南天门去了。

6　**编者按语**

7　　《西游记》描写了孙悟空、猪八戒、沙悟净保护唐僧西天取经的传奇故事。唐僧取
8　经，历史上确有原型，本书是在民间流传的唐僧取经故事和有关话本、杂剧的基础上，经
9　过了再创造而写成的规模宏大、结构完整的巨著。第一至七回叙述孙悟空出世和大闹
10　天宫的故事。第八至十二回叙述唐僧身世、魏徵斩龙、唐太宗死而复生的故事，交代唐
11　僧取经缘由。第十三至一百回写孙悟空皈(guī)依佛门，和猪八戒、沙和尚一起保护唐僧
12　到西天取经，沿途降妖伏魔，历经九九八十一难，取得真经，终于修成正果。
13　　《西游记》是中国神魔小说的经典。鲁迅在《中国小说史略》中首次提出了"神魔小
14　说"的概念："且历来三教之争，都无解决，互相容受，乃曰'同源'，所谓义利邪正善恶是
15　非真妄诸(zhū)端，皆混而又析之，统于二元，虽无专名，谓之神魔，盖可赅括矣。"后来，
16　鲁迅在《中国小说的历史的变迁》中继续阐释⑰："当时的思想，是极模糊的。在小说中所
17　写的邪正，并非儒和佛，或道和佛，或儒释道和白莲教，单不过是含糊的彼此之争，我就
18　总括起来给他们一个名目，叫作神魔小说。"

---

① 藐视(miǎo shì)：轻视、蔑(miè)视、看轻对方。
② 花果山(huā guǒ shān)：《西游记》中的地名，花果山水帘洞位于东胜神洲傲来国，是齐天大圣孙悟空的故乡。
③ 称霸(chēng bà)：因具有更大的势力、权威而统治，也指在某方面某领域拥有超强实力。霸：霸主，古代诸侯联盟的首领。
④ 哄骗(hǒng piàn)：用假话或各种手段欺骗别人，口语中也常作"连哄带骗"。
⑤ 替(tì)：代替，帮助。
⑥ 后生(hòu shēng)：年轻人、晚辈、后辈。常见于成语"后生可畏"，意思是青年人有更多的发展可能，令人期待。
⑦ 小辈(xiǎo bèi)：和"后生"类似，年长的为长辈，年轻的为小辈。
⑧ 卑贱(bēi jiàn)：旧时指出身或地位低下，卑微而低贱。
⑨ 所(suǒ)："所"的义项、用法多样。作名词时常指处所、地方，也多用作政府或公家其他办事机构的名称，如派出所、招待所、诊疗所等。作助词时，用法亦较为复杂，本文此处的"所"表示结构，与动词相结合组成名词性词组，比如"有所不为而后可以有为""各尽所能"。另外还作代词、连词、语气词等使用。
⑩ 从事(cóng shì)：参与做(某种事情)或致力于(某件事情)；任职或将某类事情当作职业般去做。
⑪ 差事(chāi shì)：被差遣、派遣、差使去做的事情，一般多指公务。
⑫ 敷衍(fū yǎn)：表面应酬，应付，并不是真心或真实情况。
⑬ 忽喇(hū lā)：又作呼啦、唿喇，拟声词。同类的还有"哗啦"等。
⑭ 掀(xiān)：撩起，揭开；发动，兴起。
⑮ 如意金箍棒(rú yì jīn gū bàng)：《西游记》中孙悟空所使用的兵器。书中说它原本是太上老君冶炼的神铁，后被大禹借走治水，治水后遗下的定海神珍铁放在东海，重一万三千五百斤。
⑯ 咒语(zhòu yǔ)：旧时僧、道、方士、神巫等施行法术时所念的口诀。
⑰ 阐释(chǎn shì)：意思是说明、表明，阐明陈述并解释。

1　　　《西游记》的作者吴承恩勤奋好学,但在科举考试中运气很差,在大约 40 岁的时候
2　才有幸补得一个"岁贡生"①,然后又去北京等待分配,却没有被选中。后来因为贫穷和
3　母亲年迈②,只好做了长兴的县丞,最终又因为被别人诬告③,两年后辞官。他的不幸遭
4　遇,促使他认清了封建科举制度、黑暗社会的本质,进而以神魔小说的形式来反映社会
5　现实,表达内心的不满。

孙悟空向灵台方寸山斜月三星洞菩提祖师拜师学艺

6　　　"避马瘟"源于④古时候民间的一种传说,是说将母猴子的尿⑤与马料⑥混合在一起
7　喂马,可以避免马生病。明代作品中也有记载⑦:母猴每月来的月经⑧,流到马的草料
8　上,马吃了,就可以"避马瘟"。《西游记》中天庭让孙悟空担任弼马温一职,看似承认⑨他
9　的能力,并任用他了,其实质⑩是天界对孙悟空的极大嘲弄⑪。因为孙悟空不是只母猴
10　子,是只公猴子,所以后来出现大闹天宫等事。孙悟空在保护唐僧取经的路上遇到各

① 岁贡生(suì gòng shēng):明清两朝秀才(又称生员)成绩优异者,可入京师的国子监读书,称为贡生。岁贡生的意思是每年或两三年所选送的入国子监就读的生员。吴承恩是排队挨号才补上的岁贡生。
② 年迈(nián mài):年老,岁数大。
③ 诬告(wū gào):无中生有,捏(niē)造事实或伪(wěi)造证据,告发和陷害他人的违法犯罪行为。
④ 源于(yuán yú):"源"的本义是指水流始出处,引申为来源、根源、起源。"于"是介词,在此相当于"从""自"(from)。
⑤ 尿(niào):小便。人或动物体内由肾(shèn)脏产生,从尿道排泄出来的液体。
⑥ 料(liào):在此指供人畜食用或为植物提供营养的物品。其余还有估量、猜测(料想、谁料)、原料物质(材料)等义项。
⑦ 记载(jì zǎi):把事情记录下来,记录事情的文字,记事于书中。载,记录,登载。
⑧ 月经(yuè jīng):一般从少女时期开始,女子生殖细胞发育成熟后,周期性的子宫出血的生理现象。经期通常四周至一月一次,故名"月经"。英文译为 menstrual cycle。
⑨ 承认(chéng rèn):表示肯定、同意、认可。
⑩ 实质(shí zhì):本质,事物、论点或问题的实在内容。
⑪ 嘲弄(cháo nòng):嘲笑、戏弄、嘲讽、讥笑、捉弄。

1　路①妖怪称他"弼马温"时，他都愤怒至极②，原因就在于此。

重点词汇

3　　社稷　政权　君臣　中央集权　官僚　下旨

4　　称王称霸　封　垂帘　改革

5　　上任　司　官衔　品级　等　档案

6　　有识之士　奸诈之徒

7　　为人处世　徒有虚名　行礼　敷衍　慷慨激昂

8　　神仙　凡间　监

语法偏误

10　　实词是汉语词汇中的大类，是具有实际意义的词，如名词、动词、形容词、数词、量

11　词、代词、副词等。本书在"语法偏误"板块将主要讲述实词相关的内容。

12　　名词是表示人或事物（包括空间、方位和时间）名称的词，也是留学生在汉语学习中

13　所接触的数量最大的词类。名词可以划分为普通名词、专有名词等，而表示时间、空间、

14　处所的名词因其特殊性又可以划分为时间名词、方位名词、处所名词等。汉语名词的语

15　法特征主要有四点：大都可以用数量词修饰；没有"数"的语法范畴（chóu）；一般不能被

16　副词修饰；可以被形容词、动词、代词及各种短语修饰。本课重点掌握第一个和第二个

17　语法特征。

18　　汉语不同于其他语言，在数词修饰名词时，需要注意加量词。一些留学生经常存在漏

19　掉量词的问题。然而，需要注意的是，在成语、科技著作和古代汉语流传下来的用法中，

20　数词与名词有时则可以直接连用，如课文中"像您这样上任之后，一心一意，如此殷勤"。

21　　同时，世界上的许多语言带有"数"的语法范畴，但是汉语中的名词没有这一特点。

22　所以，留学生经常在名词的单数、复数等问题上出现形式上的失误。然而需要注意的

23　是，在指称人的名词表示多数时，后面可以加后缀（zhuì）"们"，只是名词加后缀"们"并不

24　是无限制的。因为在表示人的名词前面，如果有数量词或者有"很多""大量"等表示多

25　数的词语时，名词后就不能再使用"们"了。例如课文中的"神仙们大惊失色地纷纷指责

26　他"不可以说成"很多神仙们大惊失色地纷纷指责他"。

课堂练习

28　1. 填空：四大名著中的神魔小说是_____。

29　2. 选择：课文中孙悟空有哪些特殊本领？（　　　　）

30　　A. 金箍棒　　　　B. 筋斗云　　　　C. 七十二变　　　　D. 毫毛

---

①　各路（gè lù）：可以理解为各种门路的、各种来头的、各种地方的。各，各个、各自。路，本义是道路。

②　愤怒至极（fèn nù zhì jí）：生气到了极点，非常生气，非常愤怒。至，到。极，极点、顶点。

3. 选择：课文中有哪些宗教形象？（　　　）

A. 佛教　　　　　　B. 道教　　　　　　C. 儒教　　　　　　D. 伊斯兰教

4. 选择：《西游记》反映了什么时代的社会历史背景？（　　　）

A. 唐　　　　　　B. 宋　　　　　　C. 元　　　　　　D. 明　　　　　　E. 清

5. 选择：在中国传统文化中，猴有很多寓意，其中代表富贵吉祥的是（　　　）

A. 杀鸡儆（jǐng）猴　　　　　　　　　　B. 沐（mù）猴而冠

C. 马上封侯　　　　　　　　　　　　　　D. 山中无老虎，猴子称大王

6. 造句：请用"一则……一则……"造句。

_____

7. 简答：玉皇大帝具有怎样的性格特点？作者塑造这一形象的目的何在？

_____

_____

_____

课后思考

1. 在神话系统中，能在天庭受封一官半职本是件极为艰难的事，为什么孙悟空最终会怒火中烧，飞回地面？

2. 一般认为，《西游记》是中国古代第一部浪漫主义长篇神魔小说，该书深刻地描绘了当时的社会现实。请阅读相关作品或文献资料，尝试分析这部小说对现实生活的折射。

延伸阅读

《西游记》（〔明〕吴承恩）

宋刊《大唐三藏取经诗话》跋（bá）（王国维）

《明之神魔小说》（鲁迅《中国小说史略》）

《〈西游记〉玄奘（zàng）弟子故事之演变》（陈寅恪）

《〈西游记〉考证》（胡适）

第2课 千古一帝

（根据《史记①·秦始皇②本纪》改编）

秦朝刚刚兼并③天下，秦王④命令丞相⑤、御史⑥说："……我仅凭⑦自己渺小⑧的身躯⑨，兴兵⑩消灭暴乱，六国⑪的国君⑫都已经承认了他们的罪过，天下完全安定。所以，现在不改换名号的话，无法让我的功业名声⑬流芳百世⑭。你们商议⑮一下君主⑯的称号吧！"

---

① 史记(shǐ jì)：《史记》作者是司马迁，它是中国第一部纪传体通史，是中国"二十四史"的第一部，全书共一百三十篇，五十二万余字，记载了中国从传说中的黄帝到汉武帝太初四年（公元前101年）期间3000年左右的历史。《史记》是中国传记文学的典范。《史记》与《汉书》《后汉书》《三国志》合称"前四史"。

② 秦始皇(Qín Shǐhuáng)：生于公元前259年，卒于公元前210年，嬴(yíng)姓赵氏，故又称赵政，今天人们习惯称他为嬴政。他是首位完成中国统一的秦朝开国皇帝，战国时代秦国的秦庄襄(xiāng)王之子，十三岁即王位，三十九岁称皇帝，在位三十七年。秦始皇建立皇帝制度，中央实施三公九卿(qīng)制，地方废除分封制，代以郡县制，统一文字和度量衡，北击匈奴，南征百越，修筑万里长城。他为建立专制主义中央集权制度开创了新局面，对中国和世界历史产生了深远影响，奠定了中国两千余年政治制度的基本格局。秦始皇被明代思想家李贽(zhì)称为"千古一帝"。

③ 兼并(jiān bìng)：合并、并吞，通常指土地侵并或经济侵占。

④ 王(wáng)：夏、商、周三代天子之称号；战国时列国国君皆称王；秦汉以来皇帝对亲属、臣属的最高封爵(jué)。注意中国的王和帝并不一样。帝本指上天之神，秦始皇之后，国家的最高统治者称为帝。

⑤ 丞相(chéng xiàng)：中国古代官名，三国以后一般指皇帝下面的最高行政官，辅佐皇帝总理百政的官员，即百官之长(zhǎng)。

⑥ 御史(yù shǐ)：中国古代官名，春秋战国时期各国皆有御史，为国君亲近之职，是负责记录的史官、秘书官。

⑦ 凭(píng)：依托，依仗，靠着。

⑧ 渺小(miǎo xiǎo)：指非常微小或无关紧要，微不足道的。不同于"渺茫"，渺茫指难以预期，没有把握。

⑨ 身躯(shēn qū)：身体。

⑩ 兴兵(xīng bīng)：调动军队打仗，"兴"在文言文中有"起"的意思，兴兵即起兵。

⑪ 六国(liù guó)：战国时期除秦国外还有六个国家实力较强，即齐、楚、燕、赵、魏、韩。

⑫ 国君(guó jūn)：天子或诸侯国之君王。

⑬ 功业名声(gōng yè míng shēng)：功勋事业，名誉声望。

⑭ 流芳百世(liú fāng bǎi shì)：好的名声永远传下去，反义词为遗臭万年。

⑮ 商议(shāng yì)：商量，讨论，商讨，商谈。

⑯ 君主(jūn zhǔ)：人类社会有了国家后对最高统治者的称谓。

1　　　丞相、御史大夫①、廷尉②等都说:"过去五帝③统治的土地方圆④千里,稍微偏远

2　一点儿的诸侯⑤有的朝见⑥,有的不朝见,天子⑦没有办法完全控制⑧局面⑨。今天陛

3　下⑩兴举义兵⑪,诛灭"奸贼"⑫,平定天下,四海⑬之内设置了郡县⑭,并且完善了各

4　项⑮法令制度⑯,这是上古⑰以来世上都未曾有过的功绩⑱。臣等与博士⑲们商议之

5　后,一致认为古代有天皇⑳,有地皇,有泰皇㉑,其中泰皇最尊贵。微臣㉒冒着死罪献上

---

① 御史大夫(yù shǐ dà fū):秦朝开始设置"御史大夫",为御史台长官,地位仅次于丞相,是掌管弹劾(tán hé,指对违法失职或在职务上犯罪的官吏,采取揭发和追究法律责任的行为)、纠(jiū)察及图籍的秘书。与丞相(大司徒)、太尉(大司马)合称三公。后改称大司空、司空。晋朝以后大多不再设置此职。唐朝复置,实权已轻,至宋朝又多缺而不补,明朝废除。

② 廷尉(tíng wèi):秦朝开始设置的官名,为九卿之一,掌管刑狱。汉景帝时改称大理,汉武帝时复称廷尉。东汉以后,或称廷尉,或称大理,又称廷尉卿。北齐至明清时皆称大理寺卿。

③ 五帝(wǔ dì):指中国上古传说中的五位圣明君主。根据不同史料记载,有以下六种说法:
第一,黄帝、颛顼(zhuān xū)、帝喾(kù)、尧(yáo)、舜(shùn)(《大戴礼记》《史记》);
第二,伏羲(fú xī)、神农、黄帝、尧、舜(《战国策》);
第三,太昊(tài hào)、炎帝、黄帝、少昊、颛顼(《吕氏春秋》);
第四,黄帝、少昊、颛顼、帝喾、尧(《资治通鉴外纪》);
第五,少昊、颛顼、帝喾、尧、舜(伪《尚书序》;因其经书地位之尊,后代沿用此说,于是这一"五帝说"被奉为古代的可信的历史);
第六,黄帝(轩辕 xuān yuán)、青帝(伏羲)、炎帝(神农)、白帝(少昊)、黑帝(颛顼)(传说五方上帝)。

④ 方圆(fāng yuán):指范围、周围。也用来指方法、规则、准则、规矩。俗语"没有规矩,不成方圆"。

⑤ 诸侯(zhū hóu):古代帝王所分封的各国(诸侯国)君主。在其统辖区域内世代掌握军政大权,但按礼要服从王命,定期向帝王朝贡述职,并有出军赋(fù)和服役的义务。

⑥ 朝见(cháo jiàn):臣子上朝参见君主。也作"觐(jìn)见"。

⑦ 天子(tiān zǐ):古代认为君权为神所授,故称帝王为天子。

⑧ 控制(kòng zhì):掌握住不使任意活动或超出范围。

⑨ 局面(jú miàn):泛指一定时期内事物的形势、情景、规模等。

⑩ 陛下(bì xià):原本意思是帝王宫殿的台阶之下,因为大臣都是在台阶之下的,故而尊称皇帝为陛下。

⑪ 兴举义兵(xīng jǔ yì bīng):兴兵,同义词语还有"举兵""兴师"。义兵即正义之师(军队)。

⑫ 奸贼(jiān zéi):常指窃(qiè)国弄权、欺君惑(huò)主的臣子,类似于"奸臣"。这里指六国国君。

⑬ 四海(sì hǎi):古人以为中国四境有海环绕,各按方位为"东海""南海""西海"和"北海",但也因时而异,说法不一。后来就以"四海"表示天下、全国各处。

⑭ 郡县(jùn xiàn):郡和县的并称。郡县之名,初见于周朝。秦始皇分国内为三十六郡,汉初封建制与郡县制并行,其后郡县制成为唯一的制度。

⑮ 项(xiàng):量词,分类的条目。本义指脖子。还可以作姓氏。

⑯ 法令制度(fǎ lìng zhì dù):法律、政令等的总称。制度,在一定历史条件下形成的法令、礼俗等规范。

⑰ 上古(shàng gǔ):三古(上古、中古、下古)之一,较早的古代、远古。

⑱ 功绩(gōng jì):取得的功业、成就,通过劳动获得的业绩。

⑲ 博士(bó shì):古代学官名,职责是教授、培养、考核人才,或奉使、议政。今天所说的博士是指拥有博士学位(Dr.)的人。

⑳ 天皇(Tiānhuáng):传说中的古代帝王名,传说为中国远古三皇之首。

㉑ 泰皇(Tàihuáng):传说中的古帝名,三皇之一。泰有通畅、安宁、美好、宽裕等寓意。传说中关于上古三帝王的说法不一,有伏羲、神农、黄帝,伏羲、神农、女娲,伏羲、神农、燧(suì)人,伏羲、神农、祝融,天皇、地皇、泰皇,天皇、地皇、人皇等说法。

㉒ 微臣(wēi chén):古代大臣面对君主和上级领导,表示自己是卑贱之臣。

1　尊号，我们认为大王您的称号应该为'泰皇'，天子自称为'朕①'。"

2　　秦王说："去掉'泰'字，留下'皇'字，并采取上古'帝'字，最终将称号定为'皇

3　帝'。其他按你们的商议即可。"秦始皇追尊②其死去的父亲为太上皇。他还下命令

4　说："朕听说上古时代有称号没有谥号③，中古时代有谥号，死后根据其生前的事

5　迹④来确定谥号。这样一来，儿子评议⑤父亲，臣子评议君主，一点意义都没有，朕不

6　赞同这种做法。从今之后，废除⑥谥法。朕就是始皇帝，朕的后代应该按辈数⑦计算，

7　二世、三世，以至于万世，生生不息，无穷无尽。"

8　　　丞相等人建议，分封各位皇子为诸侯王，以便控制偏远的地方。大臣们认为非

9　常合适，只有廷尉李斯反驳⑧："周文王、周武王所分封的子弟⑨和同姓宗族⑩很多，但

10　他们的后代逐步⑪疏远⑫，相互攻击如同仇敌⑬，诸侯互相讨伐⑭，周天子却束手无

11　策⑮。如今⑯，天下依赖⑰陛下的聪明智慧，实现了完全统一，全国也都设置了郡县，

12　各位皇子和功臣也都可以用朝廷的赋税⑱给予⑲赏赐⑳，所以皇上您可以很容易地实

13　现对国家的控制。相反，现在再设置诸侯的话，就太不合适了。"秦始皇大加赞许㉑，

---

① 朕(zhèn)：秦始皇二十六年(公元前 221 年)起定为帝王自称之词，沿用至清。

② 追尊(zhuī zūn)：为死者追加尊号。类似的词语还有"追忆"，意思是回忆、回想。

③ 谥号(shì hào)：古人死后依据其生前行为事迹而为之所立的称号。帝王的谥号一般由礼官议上，臣下的谥号由朝廷赐予。一般文人学士或隐士的谥号由其亲友、门生或故吏所加，称为私谥，与朝廷颁(bān)赐的不同。古代帝王死后还有"庙号"，指帝王死后在太庙立室奉祀时特起的名号。

④ 事迹(shì jì)：过去所做的重要事情。迹的义项有脚步、痕迹、遗留的事物等。

⑤ 评议(píng yì)：经议论而评定，评论。

⑥ 废除(fèi chú)：废止，取消，全部丢弃；宣布无效。

⑦ 辈数(bèi shù)：辈分，行辈，家族或家庭的世代、先后次序。

⑧ 反驳(fǎn bó)：不同意对方，驳斥、反对，说出自己的理由来驳倒对方。

⑨ 子弟(zǐ dì)：子与弟，指子侄辈，对父兄而言，泛指年轻后辈。又指从军者、兵丁(兵士)。

⑩ 宗族(zōng zú)：指拥有共同祖先的人群集合，通常在同一聚居地，形成大的聚落，类似的用语还有"家族"，一个宗族可以包括很多家族。在小范围内，有时"宗族"和"家族"互相混淆(xiáo)使用。

⑪ 逐步(zhú bù)：一步一步地，慢慢地。与"渐渐"相似。

⑫ 疏远(shū yuǎn)：不亲近，关系上、感情上有距离。"疏"的本义指清除阻塞，使畅通，引申为分散，又引申指稀，再引申指关系远。

⑬ 仇敌(chóu dí)：有很深、很大的恨的敌人。

⑭ 讨伐(tǎo fá)：征讨、征伐、攻战。"讨"在这里表示惩治有罪之人。

⑮ 束手无策(shù shǒu wú cè)：捆住双手，无计可施，形容遇到问题没有解决的办法。

⑯ 如今(rú jīn)：现在，当今，在这些日子里。

⑰ 依赖(yī lài)：倚靠，依靠别人或事物而不能自立或自给，根据语境还有仰仗的意思。

⑱ 赋税(fù shuì)：田赋和捐税的合称，依照法律或习俗征收的款项，特别指应付给政府或朝廷的费用。以一定的货币量表现则称之为税金。

⑲ 给予(jǐ yǔ)：使对方有所得，给对方。给，多数发音为 gěi，但在"补给""给予"等词中读作 jǐ。

⑳ 赏赐(shǎng cì)：在中国古代，尊长把财物送给卑幼者，多指皇帝赏赐(御赐)给大臣的礼物(御用品)。

㉑ 赞许(zàn xǔ)：赞同称许，欣赏称赞。

1　　之后分天下为三十六郡。

2　　　　秦始皇发布命令,收集天下的兵器,全部聚集到咸阳①,熔化②以后做成大钟③和

3　架子、十二尊④金人,各重十二万斤,放置在宫廷之中。不仅如此,秦始皇还统一了法

4　律制度和度量衡⑤。车辆的轨距⑥也得到了统一。书写的文字形式也统一了起来。

5　　　　此时,秦朝的国土东到大海和朝鲜半岛,西到临洮⑦、羌中⑧。南到北向户⑨,北

6　边凭借黄河作为要塞⑩,沿着阴山⑪直到辽东⑫。

7　　　　秦始皇在咸阳宫大摆⑬酒宴,七十名博士上前祝寿⑭。淳于越⑮上前启奏⑯:"微

8　臣听说殷⑰周王朝统治天下一千多年,分封子弟和功臣,以此作为天子的辅佐⑱和保

9　障⑲。今天陛下拥有四海,而陛下的子弟却是普通百姓,将来您又将靠谁来帮助您

10　自己呢?做事一定要汲取⑳古人的智慧,若不学习或效法㉑古人,国家必定不会

11　长久。"

---

① 咸阳(xián yáng):地名,秦朝的首都,位于今陕西省咸阳市东北窑店镇附近。

② 熔化(róng huà):固体加热到一定程度变成液体。

③ 钟(zhōng):古代乐器,青铜制造,悬挂于架上,以槌(chuí)叩(kòu)击发音。祭祀或宴享时用,战斗中也用以指挥进退。在今天多指报时的钟。

④ 尊(zūn):这里是量词,用来指称塑像。

⑤ 度量衡(dù liáng héng):计量长短、容积、轻重的标准的统称。"度"计量长短,"量"计量容积,"衡"计量轻重。

⑥ 轨距(guǐ jù):今指铁路轨道上两股钢轨头部内侧间的距离,在古代就是指马车车辆两轮间的距离。本句话指的就是"车同轨",与之相似,还有下一句的"书同文"。

⑦ 临洮(lín táo):古称狄(dí)道,古代为狄人所居。秦始皇统一六国,开始在民族地区设"道"进行统辖。"道"与"县"是有区别的。

⑧ 羌中(qiāng zhōng):古地名,即今甘南藏族自治州临潭、卓尼一带。秦汉时期为羌人游牧的地方。"羌"原是古代人们对居住在祖国西部游牧部落的一个泛称,古羌人以牧羊著称于世,所以"羌"字的构造和"羊"有关。

⑨ 北向户(běi xiàng hù):古人概念中的极南地区。因当地居民往往向北开门窗以吸纳日光,故有此称。

⑩ 要塞(yào sài):军事上的险要处、要害处,防御重地、关隘等。

⑪ 阴山(yīn shān):山脉名,即今横亘(gèn)于内蒙古自治区南境、东北接连内兴安岭的阴山山脉(mài)。山间缺口自古为南北交通孔道。

⑫ 辽东(liáo dōng):指辽河以东的地区,今辽宁省的东部和南部。战国、秦、汉至南北朝设郡。1949年设省,1954年撤销,与辽西省合并复设辽宁省。

⑬ 摆(bǎi):排列,安放。摆酒宴,意思就是摆放杯盘举办酒宴。

⑭ 祝寿(zhù shòu):祝愿过生日的人长寿,祝贺生辰。

⑮ 淳于越(Chúnyú Yuè):战国时齐国博士,秦朝时曾任仆射(pú yè,古代官名)。淳于越和李斯关系很好。秦始皇三十四年(公元前213年)咸阳宫举办酒宴时,他建议实行分封,以为"事不师古而能长久者,非所闻也",遭丞相李斯驳斥。

⑯ 启奏(qǐ zòu):向帝王进言、报告事情。

⑰ 殷(yīn):商朝的别称。商朝国都曾经频繁迁移,后来盘庚(gēng)迁殷(今河南省安阳市)后国都才稳定下来,因此商朝又被后世称为"殷"或"殷商"。

⑱ 辅佐(fǔ zuǒ):协助皇帝治理国家。

⑲ 保障(bǎo zhàng):保护权利、生命、财产等不受侵害。

⑳ 汲取(jí qǔ):原指取水,引申为吸取、吸收。

㉑ 效法(xiào fǎ):仿照别人的做法去做,学习别人的长处。

1　　　丞相李斯说:"三皇五帝的统治并不重复,三代①的统治也不是相互沿袭②的。我

2　并不反对古人,但现在时代发生了变化啊!如今陛下开创大业,功勋③卓著④,本来就

3　不是那些迂腐⑤的读书人所能理解的。现今朝廷⑥颁布⑦了各项法律政策,这些读书

4　人却不去学习。他们夸耀⑧和宣扬自己所信奉⑨的学说,以此沽名钓誉⑩,显示自己

5　的高明⑪。他们甚至还诋毁⑫、造谣⑬、诽谤⑭、诬蔑⑮。我认为,现在已经到了必须要

6　禁止⑯这类情况的危急关头⑰。微臣请求将不属于秦国历史的史书⑱都烧掉,《诗

7　经》⑲《尚书》⑳及诸子百家㉑的迷惑㉒百姓思想的书籍也都应烧掉,有敢私底下㉓谈论

8　《诗经》《尚书》的应该杀头示众㉔,拿古代攻击当代的要诛灭九族㉕,当官者看见或知

9　道而不检举揭发㉖的与犯罪者一同治罪㉗。命令下达三十天之后,上述㉘提到的书籍

---

① 三代(sān dài):夏、商、周三个朝代的合称。

② 沿袭(yán xí):依照旧传统或规定办理,因袭。

③ 功勋(gōng xūn):功绩、功劳,泛指为国家和人民做出的重要贡献、建立的功绩勋劳。

④ 卓著(zhuó zhù):突出显著、卓越。

⑤ 迂腐(yū fǔ):指言谈和行为拘泥于陈旧的、固定的模式和准则,不肯适应时代潮流;不知变通,不合时宜。

⑥ 朝廷(cháo tíng):指以君王为首的中央政府。

⑦ 颁布(bān bù):简单来说就是公布、颁发法令、条例等。具体是指政府机关或人民团体将其研拟的法令规章、行政措施和所属成员的权利义务有关的诸事宜,依法公布周知。

⑧ 夸耀(kuā yào):向人炫耀和宣扬自己的长处、优势、功劳等。

⑨ 信奉(xìn fèng):信仰崇奉。毛泽东《反对党八股》:"那时的统治阶级都拿孔夫子的道理教学生,把孔夫子的一套当作宗教教条一样强迫人民信奉……"

⑩ 沽名钓誉(gū míng diào yù):有意做作或用某种手段猎取名誉。沽,获取,猎取。周而复《上海的早晨》:"(地主)把农民收的粮食都剥削到手里,再拿出一点来发给农民,不过是沽名钓誉,算啥好人?"

⑪ 高明(gāo míng):见解独到、不同凡人,崇高明睿(ruì)、聪明智慧。也指技艺高超。

⑫ 诋毁(dǐ huǐ):编造或扭曲事实,恶意毁谤、污蔑、破坏他人的名誉。可译为 slander 或 discredit。

⑬ 造谣(zào yáo):为了达到某种目的而捏造消息。

⑭ 诽谤(fěi bàng):以虚假、不实的言辞毁坏别人的名声。

⑮ 诬蔑(wū miè):捏造事实,恶意指摘,以毁坏别人或某一事情、某项行动的名誉。

⑯ 禁止(jìn zhǐ):制止,阻止,不准许,不许可,不允许。

⑰ 危急关头(wēi jí guān tóu):危险急难的时刻。关头,起决定性作用的时机或转折点。

⑱ 史书(shǐ shū):记载历史的书籍。

⑲ 《诗经》(shī jīng):中国古代第一部诗歌总集。汉代将《诗》列入儒家经典,称为《诗经》,为"五经"之一。收集了周朝初年(公元前 11 世纪)到春秋中期(公元前 6 世纪)的诗歌 305 篇,分"风""雅""颂"三大类。"风"是采自民间的乐曲,"雅"是王都附近的乐曲,"颂"是祭祖祀神的乐曲。

⑳ 《尚书》(shàng shū):中国上古历史文献和部分追述古代事迹著作的汇编,为"五经"之一。"尚"即"上",《尚书》意即上古之书。相传由孔子编选而成,有些篇目是后人追述补充进去的,如《尧典》《皋陶谟》《禹贡》等。

㉑ 诸子百家(zhū zǐ bǎi jiā):先秦至汉初学术思想流派的总称。诸子指老子、孔子、墨子、孙子等。

㉒ 迷惑(mí huò):辨不清是非,摸不着头脑。这里是"使……迷惑"的意思。

㉓ 私底下(sī dǐ xià):私下,背地里,不公开的。

㉔ 示众(shì zhòng):当众惩罚有罪者以示警诫。

㉕ 九族(jiǔ zú):以自己为本位,上推至四世之高祖,下推至四世之玄孙,共计九族。同类的说法还有"六亲"。

㉖ 检举揭发(jiǎn jǔ jiē fā):把别人的罪过、过失、错误等向上级或领导报告上去。后文的"告发"也有此意。

㉗ 治罪(zhì zuì):依据法律给犯罪人以应得的惩处。

㉘ 上述(shàng shù):前面所叙述的,多用于文章段落或条文等结尾。

1　还不烧掉的,要在这些人的脸上刺字①,然后送往边防②当守卫。一些医药、占卜③、

2　耕作④类的书籍,可以暂时不用焚(fén)烧。倘若有想学习法令的人,则可以以官吏

3　为老师。"秦始皇欣然⑤准许。

4　　　卢生、侯生⑥一起商议说:"秦始皇为人,倔强⑦、固执⑧、自负⑨,宠信⑩酷吏⑪。咱

5　们这些博士虽然有七十位,但并未曾加以重用,丞相和各位大臣也完全按照皇上的

6　意志⑫办事。皇上喜欢用刑罚和杀戮⑬树立威信⑭,天下之人为了保住俸禄⑮,保住乌

7　纱帽⑯,没有人敢于尽忠职守⑰。皇上听不到对其⑱过失的指责,日益骄傲,臣下则用

8　假话谎话阿谀奉承⑲、苟且偷生⑳。秦始皇希望长生不死,若占卜、算卦㉑之人找不到

9　永生的灵丹妙药㉒,就是死罪。天下的事情不分大小都由皇上一人独裁㉓。"于是他们

10　便逃走了。

11　　　秦始皇知晓后大怒:"徐福㉔等人花费数以万计,最终也没有取得灵药。只是每

---

① 刺字(cì zì):古代刑罚之一,在面部刺刻标记,始于周代,叫作黥(qíng)刑。

② 边防(biān fáng):边境防守之地。

③ 占卜(zhān bǔ):古代用乌龟壳或动物骨头等推断吉凶祸福,也可以使用蓍(shī)草等,后世也用铜钱、牙牌等。

④ 耕作(gēng zuò):指从事农耕,泛指农事。

⑤ 欣然(xīn rán):喜悦的样子。然,助词,作形容词或副词的词尾,表状态,可解释成什么什么的样子。

⑥ 生(shēng):有学问有知识的人,如儒生。

⑦ 倔强(jué jiàng):刚愎(bì)自用,自以为是,刚强不屈,不轻易屈服。

⑧ 固执(gù zhi):不轻易改变自己的认识,坚持到底。

⑨ 自负(zì fù):自己过高地估计自己。

⑩ 宠信(chǒng xìn):指得到偏爱、宠爱、信任、信赖,多用于贬义。

⑪ 酷吏(kù lì):指滥用刑罚残害人民的官吏。酷的基本字义为残忍、暴虐(nüè)到极点。也可指极、甚,表程度深。现代网络用语中也作为英文单词 cool 的音译词使用。

⑫ 意志(yì zhì):决定达到某种目的而产生的心理状态,常以语言或行动表现出来。

⑬ 杀戮(shā lù):大量杀害,大规模屠杀。

⑭ 威信(wēi xìn):名望、威望、信誉。可译为 prestige。

⑮ 俸禄(fèng lù):官吏的薪金、待遇。

⑯ 乌纱帽(wū shā mào):古代官员戴的一种帽子,后来用来指称官位。

⑰ 职守(zhí shǒu):职责,也指工作岗位。

⑱ 其(qí):代词,他(她)(它)(们)、他(她)(它)(们)的、那。

⑲ 阿谀奉承(ē yú fèng chéng):迎合、谄媚(chǎn mèi)、讨好、取悦于人。阿谀,用言语恭维别人。奉承,恭维,讨好,拍马屁,说恭维别人的话,说讨好别人的词语,竭力迎合别人。

⑳ 苟且偷生(gǒu qiě tōu shēng):只顾眼前,得过且过,将就着活下去,不顾将来。

㉑ 算卦(suàn guà):根据卦象推算吉凶,是旧时迷信活动的一种。

㉒ 灵丹妙药(líng dān miào yào):指能治好百病的丹药,亦比喻能解决一切问题的好办法。

㉓ 独裁(dú cái):独自裁断,独自决定,独揽政权,实行专制统治。裁,决定、判断,减除、剪、割。

㉔ 徐福(Xúfú):又作"徐市"。据《史记·秦始皇本纪》记载,秦始皇二十八年(公元前219年),秦始皇派徐福率领童男童女数千人及可供三年的粮食、衣鞋、药品和耕具入海求仙。但徐福率众出海数年,并未找到神山。秦始皇三十七年(公元前210年),徐福再度率众出海。这次出海后,徐福来到"平原广泽"(可能是日本九州岛,也可能在琵琶湖一带),他感到当地气候、民风都很好,便不再回国,并教当地人农耕、捕鱼和沥(lì)纸。关于蓬莱、方丈、瀛洲三座仙山,《史记·封禅书》只是说在渤海中,即海州湾以北的海。而平原广泽在何处,更是不能考证。

1　日听到有人告发①他们非法牟利②。卢生等人朕尊重他们，给他们的赏赐也很多，不

2　料现在竟然诽谤朕，还诬蔑朕的品德。在咸阳的这些读书人，朕曾派人私下查问，有

3　人竟然妖言惑众③、制造事端④。"于是，秦始皇派御史审问咸阳的读书人，这些读书人

4　便互相揭发。秦始皇判⑤四百六十余人为死罪，全都在咸阳活埋⑥，并让天下的人都

5　知道这件事，以惩戒后人⑦。

秦始皇陵兵马俑

6　**编者按语**

7　　　中国古代封建专制主义中央集权制度的创始人就是秦始皇，从对中国古代史和世

8　界历史的巨大影响来看，他被称为"千古一帝"毫不过分。

9　　　鲁迅先生在《华德焚书异同论》中认为："德国的希特勒先生们一烧书，中国和日本

10　的论者们都比之于秦始皇。然而秦始皇实在冤枉得很，他的吃亏是在二世而亡，一班帮

11　闲们都替新主子去讲他的坏话了。不错，秦始皇烧过书，烧书是为了统一思想。但他没

12　有烧掉农书和医书；他收罗许多别国的'客卿'，并不专重'秦的思想'，倒是博采各种思

13　想的。""但是结果往往和英雄们的预期不同。始皇想皇帝传至万世，而偏偏二世而亡，

14　赦免了农书和医书，而秦以前的这一类书，现在却偏偏一部也不剩。"

15　　　毛泽东曾经提道："秦始皇是第一个把中国统一起来的人物。不但政治上统一了中

---

① 告发(gào fā)：向官府检举揭发，具体指由被害人或犯罪人以外的人向侦查机关报告某人的犯罪行为。

② 牟利(móu lì)：谋取利益。牟，贪取、侵夺。

③ 妖言惑众(yāo yán huò zhòng)：用荒谬(miù)的、怪异的话语，迷惑、欺诳(kuáng)、煽(shān)惑众人。

④ 事端(shì duān)：本来指事情或事情的开端，现在指纠纷、事故、乱子。

⑤ 判(pàn)：这里是指司法机关对案件、狱讼(yù sòng)的审理、判决、裁决。可译为 adjudge，adjudicate。

⑥ 活埋(huó mái)：人活着的时候将其埋葬。

⑦ 惩戒后人(chéng jiè hòu rén)：用惩罚来威吓之后的人。

国,而且统一了中国的文字、中国各种制度,如度量衡,有些制度后来一直沿用下来。中国过去的封建君主还没有第二个超过他的,可是被人骂了几千年,骂他就是两条:杀了460个知识分子;烧了一些书。"

而在西方,秦始皇则常被用来与罗马帝王恺撒相提并论。相对而言,秦朝虽然较罗马帝国统治时间短,但是在其灭亡后,其后的汉朝仍然维持了大一统的局面,所以秦始皇的功绩有不可抹杀的一面。然而,从另外一个角度来看,秦朝对内以法家治国,酷法严刑,大兴土木,滥用民力,残虐百姓,尤其是焚书坑儒,实行文化专制政策,致使大量典籍消失殆尽,不复流传后世,使知识分子人人自危,文化出现断层,贻(yí)害整个中华民族的国民性。因此,对其评价一定要放在具体的历史背景中,力求客观,不走极端。

重点词汇

《史记》 史书

三皇五帝 天子 诸侯 宗族 子弟 丞相

谥号 名号 功业 罪过 流芳百世

控制 诛灭 焚书坑儒 书同文

四海 郡县

语法偏误

汉语名词中还有一类特殊名词,分别表示时间、空间、方位,被依次称作时间词、方位词、处所词。它们的用法与一般名词多有不同。

从功能来看,汉语方位词能够普遍依附在其他词的后面表示方位和意义。汉语方位词大概有如下这些:上、下、前、后、左、右、东、西、南、北、里、外、中、内,以及前加"以""之"组成双音节的方位词,如之前、之外、以内、以上等。

处所词表示地点、位置,能用"哪儿"提问,可以用"这儿、那儿"指代,在句子中可以作主语、宾语、定语、状语。处所词包括:地名,如中国、长安街;可以看作地方的机构,如学校、图书馆;合成方位词,如下边、背后、当中、里头。一般来讲,处所词可以放在下列格式中:"在……""上……去""从……来""到……(去)""往……走",也就是处所词常常作"在、到、朝、向、往、从"等动词或介词的宾语。而修饰名词时,后面通常要加结构助词"的"。

留学生在学习汉语方位词、处所词的时候,往往因其母语语法的影响而出现偏误。比如本课中出现的"全都在咸阳活埋",经过学者调研,一些日本留学生往往受日语方位表达中处所格助词不能省略的影响而误加上"里"字,说成"全部在咸阳里活埋"。

又如,初学汉语的留学生往往把"in + noun"与"在……里"对等起来。如课文中的"这是上古以来世上都未曾有过的功绩","世上"意思是世界上,英文表达为 in the world,但留学生通常会以"里"混用于此类表述中。

1 **课堂练习**

2 1. 填空：《史记》作者的姓氏是_____。

3 2. 填空：周文王、周武王，汉文帝、汉武帝，古代君王的这些名字是怎么取的？_____

4 3. 填空："流芳百世"的反义词是_____。

5 4. 选择：对秦始皇理解正确的是_____。

6 A. 建立了统一天下的秦国

7 B. 是世界上第一个皇帝

8 C. 统一了世界上的文字

9 5. 选择：下列选项中，秦始皇认为哪些不会迷惑百姓的思想？_____

10 A.《诗经》 B.《尚书》 C. 医书 D. 农书

11 6. 组词：请模仿"千古一帝"的格式，用"百""千""万"各组一词。

12 A. 百（ ）一（ ）

13 B. 千（ ）一（ ）

14 C. 万（ ）一（ ）

15 7. 简答：在你的国家的历史上，是否也出现过千古一帝？请将其事迹介绍给大家。

_____

_____

16 **课后思考**

17 1. 通过文中对秦始皇执政的记述，你对秦始皇如何评价？深刻领会"政者正也"的论题。

18 2. 秦朝对中国两千年政治制度产生了极为深远的影响。而1949年之后的中国采用了

19 新的政治制度，试通过课文的论述，感受新的政治制度的进步性。

20 **延伸阅读**

21 《中国历代政治得失》(钱穆)

22 《长城和书》([阿根廷]博尔赫斯)

23 《王立群读〈史记〉之秦始皇》(王立群)

1

第3课　少年中国说①

2

（根据梁启超②《少年中国说》改编）

3　　日本人称呼我们中国为"老大帝国"。这个称呼是承袭③西方人的翻译。可悲可

4　叹④！我们中国果真⑤是老大帝国吗？我梁启超说："绝不是！这是什么话！这究竟

5　算是什么话！相反，我心中永远驻⑥有一个少年中国。"

6　　要⑦说国家的老与少，就请让我先来说一说人的老与少。老年人常常喜欢回

7　忆⑧过去，少年人则常常喜欢考虑⑨将来。由于回忆过去，所以产生留恋⑩之心；由于

8　考虑将来，所以产生希望之心。由于留恋，所以保守；由于希望，所以进取⑪。由于保

9　守，所以永远陈旧⑫；由于进取，所以日日更新⑬。由于回忆过去，所有的事情都是他

10　已经经历的，所以只知道依照惯例⑭办事；由于思考未来，各种事情都是他所未经历

11　的，因此常常敢于推陈出新⑮。老年人常常多思忧虑⑯，少年人常常喜欢行乐⑰。因

---

① 少年中国说(shào nián zhōng guó shuō)：古代称呼青年男子为少年，与老年相对，但今天却用于称呼介于童年
　与青年之间的年纪及这样年纪的人。在题目中，"少年"作"中国"的定语。"说"在这里是一种文体，例如韩愈的
　《师说》。
② 梁启超(Liáng Qǐchāo)：生于 1873 年，卒于 1929 年，字卓如，号任公，别号饮冰室主人等。戊戌变法运动领袖之
　一。变法失败后，流亡日本，创办《清议报》《新民丛报》《新小说》，探索改良主义与君主立宪制；倡导"诗界革命"
　"小说界革命"，提倡"新文体"。辛亥革命后曾经历拥袁、反袁，与段祺瑞合作，反对"五四"新文化运动。晚年讲学
　于清华大学，是清华国学院四大导师之一。著有《饮冰室合集》共一百四十余卷，超过　千万字。
③ 承袭(chéng xí)：与"沿袭"相近，指依照先例行事。
④ 可悲可叹(kě bēi kě tàn)：令人悲哀叹息。"可×可×"是一个常用结构，如"可歌可泣""可喜可贺""可圈可
　点"等。
⑤ 果真(guǒ zhēn)：确实，当真，果然。
⑥ 驻(zhù)：停留在一个地方。也指某单位或部门派出的机构在某地。
⑦ 要(yào)：想，希望，有英文"be to"之意。
⑧ 回忆(huí yì)：回想，想过去的事。
⑨ 考虑(kǎo lǜ)：思索问题，以便作出决定。
⑩ 留恋(liú liàn)：不忍离开或舍弃；对往日或往事的怀念。
⑪ 进取(jìn qǔ)：努力上进，立志有所作为。
⑫ 陈旧(chén jiù)：旧的，过时的。
⑬ 更新(gēng xīn)：本指除旧布新或改过自新，现在引申为旧的去了、新的来到的意思。
⑭ 惯例(guàn lì)：通常方法，习惯做法，常规办法，一贯、一向的做法。
⑮ 推陈出新(tuī chén chū xīn)：指对旧的文化进行批判地继承，剔(tī)除其糟粕(zāo pò)，吸取其精华，创造出新的
　文化。"陈"是旧的意思。
⑯ 忧虑(yōu lǜ)：忧愁，思虑，担心。
⑰ 行乐(xíng lè)：消遣娱乐；游戏取乐。

1　为多忧愁，所以容易灰心；因为要行乐，所以产生蓬勃①的气象。因为灰心，所以怯

2　懦②；因为气盛③，所以豪壮④。因为怯懦，所以只能苟且；因为豪壮，所以敢于冒险。

3　因为苟且偷生、因循守旧⑤，所以必定使社会走向灭亡；因为敢于冒险、一往无前⑥，所

4　以能够创造世界走向新生。老年人常常厌事⑦，少年人常常喜欢任事⑧。因为厌于

5　事，所以常常觉得天下一切事情都无可作为；因为好任事，所以常常觉得天下一切事

6　情都无不可为。老年人如夕阳残照，少年人如朝阳升腾。老年人如瘦瘠⑨的老牛，少

7　年人如初生的虎犊⑩。老年人如坐僧，少年人如飞侠。老年人如释义的字典，少年人

8　如活泼的戏文⑪。老年人如抽了鸦片⑫洋⑬烟，少年人如喝了白兰地烈酒⑭。老年人

9　如告别行星⑮向黑暗坠落⑯的陨石⑰，少年人如海洋中不断增生的珊瑚⑱岛。老年人

10　如埃及沙漠中矗立的金字塔⑲，少年人如西伯利亚⑳不断延伸的大铁路。老年人如

11　秋后的柳树，少年人如春前的青草。老年人如死海汇聚成沼泽㉑，少年人如长江㉒涓

---

① 蓬勃(péng bó)：形容事物繁荣茂盛，有生命力的样子。

② 怯懦(qiè nuò)：胆小，懦弱，怕事，软弱。

③ 气盛(qì shèng)：血气旺盛，精力充沛，气势盛大，争强好胜。

④ 豪壮(háo zhuàng)：气势雄伟，豪迈，雄壮。

⑤ 因循守旧(yīn xún shǒu jiù)：沿袭旧规，死守老一套，不想革新，缺乏创新的精神。因循，沿袭。守旧，死守老的一套。

⑥ 一往无前(yì wǎng wú qián)：一直向前，无所阻挡。形容不怕困难，奋勇向前。

⑦ 厌事(yàn shì)：厌倦于事，不想做事。注意"厌事"和"厌世"不同，厌世指悲观消极，厌弃人世。

⑧ 任事(rèn shì)：指承担事务或担负责任。

⑨ 瘦瘠(shòu jí)：不肥胖，瘦弱，贫瘠。

⑩ 犊(dú)：小牛。有个成语叫作"初生牛犊不怕虎"，刚生下来的小牛不怕老虎，比喻青年人思想上很少有顾虑，敢作敢为。

⑪ 戏文(xì wén)：戏剧中的语言，在此和刻板生硬的"字典"相对。也泛指戏曲。

⑫ 鸦片(yā piàn)：英语 opium，又叫阿片，俗称大烟，医学上作麻醉性镇痛药。非科学研究或非医用的则归类于毒品。鸦片从罂粟白色乳汁中干燥凝固而得来。

⑬ 洋(yáng)：外国的，来自外国的。

⑭ 白兰地烈酒(bái lán dì liè jiǔ)：英文 brandy 的音译。烈酒，酒精度高、性质猛烈的酒。

⑮ 行星(xíng xīng)：在椭(tuǒ)圆形轨道上环绕太阳运行的天体，在文中泛指宇宙中的星星。它本身不发光，能反射太阳光，太阳系有八大行星：水星、金星、地球、火星、木星、土星、天王星、海王星，原来的冥(míng)王星已划为矮行星。

⑯ 坠落(zhuì luò)：坠下，下落，掉落。

⑰ 陨石(yǔn shí)：坠落于地面的陨星残体。

⑱ 珊瑚(shān hú)：由珊瑚虫分泌的石灰质骨骼聚结而成的东西，状如树枝，多为红色，也有白色或黑色的。鲜艳美观，可做装饰品。

⑲ 金字塔(jīn zì tǎ)：古代某些民族的一种巨型建筑，是石头建成的三面或多面角锥(zhuī)体。典型的具有正方形底面，四个三角形外墙面在顶点交于一点，远看像汉字的"金"字。例如埃及金字塔。

⑳ 西伯利亚(xī bó lì yà)：英文 Siberia 的音译，俄罗斯境内介于乌拉尔山脉和太平洋岸之间的亚洲北部地区，北起北冰洋，南抵哈萨克丘陵，面积约 1322 万平方千米。

㉑ 沼泽(zhǎo zé)：水草茂密的泥泞地带。主要由于湖泊里的物质长期沉积，湖水越来越浅，湖底长满苔藓等植物而形成，所以前文说"死海"。

㉒ 长江(cháng jiāng)：中国第一大河，世界第三大河。发源于唐古拉山脉，经过多个省份，流入东海。

1　涓①初发源。这些是老年人与少年人性格不同的大致情况。梁启超说：人原本就有

2　这种不同，对国家而言，也应当如此。

3　　　龚自珍②有一首诗，题目叫《能令公少年行》。我一直十分爱读，喜欢感悟③它的

4　用意④所在。我们国民⑤自己断定⑥自己的国家是老大的话，那便果真成老大了；我

5　们国民自己认为自己的国家是少年，那便真是少年了。西方有句谚语⑦说："有三岁

6　的老翁⑧，有百岁的儿童。"如此说来，国家的老与少也没有确定的形态，而实在是随

7　着国民人心的力量变化而增减的。我既看到玛志尼⑨能使他的国家变成少年国，我

8　又目睹⑩我国的官吏士民能使中国变成老大帝国。我为这一点感到恐惧⑪！像这样

9　美不胜收⑫、壮丽辉煌、举世无双⑬的少年中国，竟让欧洲和日本人称我们为老大帝

10　国，这是为什么呢？这是因为掌握国家大权的都是垂垂老矣⑭之人。非得吟诵⑮几十

11　年八股文⑯，非得写几十年的考卷，非得当几十年的差使⑰，非得熬⑱几十年的薪水⑲，

---

① 涓涓（juān juān）：形容水流细微而缓（huǎn）慢地流动着。

② 龚自珍（Gōng Zìzhēn）：生于 1792 年，卒于 1841 年，字璱（sè）人，号定盦（ān），后更名易简，字伯定，又改名巩祚，号定庵，仁和（今浙江杭州）人。曾任内阁中书、宗人府主事和礼部主事等官职。主张革除弊政，抵制外国侵略，曾全力支持林则徐禁除鸦片。48 岁辞官南归，次年暴卒。

③ 感悟（gǎn wù）：感想，体会，受感动而醒悟。

④ 用意（yòng yì）：立意，居心，动机或意图。可译为 motive。

⑤ 国民（guó mín）：近代以来，称具有某国国籍的人为该国国民。另外，20 世纪上半叶中国出现了一个党派"国民党"。

⑥ 断定（duàn dìng）：判决，裁定，经过判断所下的结论。

⑦ 谚语（yàn yǔ）：民间流传的简练通俗而富有意义的语句。

⑧ 翁（wēng）：泛指年老的男子。

⑨ 玛志尼（Mǎzhìní）：马志尼，意大利爱国者。罗马帝国灭亡后，意大利受奥地利帝国奴役，玛志尼创立"少年意大利党"，创办《少年意大利报》，发动和组织资产阶级革命。他与同时代的加里波第、加富尔并称"意大利建国三杰"。

⑩ 目睹（mù dǔ）：亲眼看到。

⑪ 恐惧（kǒng jù）：畏（wèi）惧，害怕，惊慌，惶惶不安。

⑫ 美不胜收（měi bù shèng shōu）：美好的东西很多，一时看不过来。胜，尽。

⑬ 举世无双（jǔ shì wú shuāng）：全世界再没有第二个，形容非常稀有，很难找到。

⑭ 垂垂老矣（chuí chuí lǎo yǐ）：渐渐老了。垂垂，慢慢地。矣，文言文中的句末语气词。

⑮ 吟诵（yín sòng）：有节奏地诵读（朗读）诗文。

⑯ 八股文（bā gǔ wén）：中国明、清王朝及越南阮朝考试制度中所规定的一种特殊文体。隋唐时，科举中写文章的部分（明经）主要是写诗歌，直到明、清两代才正式转变为八股文。考试规定题目必须用四书五经中的原文，内容须以程朱学派的注释为准。格式由破题、承题、起讲、入手、起股、中股、后股、束股八部分组成。八股文要用孔子、孟子的口气和语气说话，绝对不允许自由发挥。句子的长短、字的繁简、声调高低等也都要相对成文，字数也有限制。

⑰ 差使（chāi shǐ）：指被派遣去做事情。"当几十年的差使"的意思是几十年受人使唤，没有自由。

⑱ 熬（áo）：忍耐，勉（miǎn）强支持。本义是用小火慢慢煮，如"熬粥"。

⑲ 薪水（xīn shuǐ）：工资。中国古代官员的工资——俸禄（fèng lù），是给官员解决柴米油盐等日常开支的费用，所以又被称为"柴薪银"，如今的"薪水"一词就由此演化而来。薪，旧指木柴，多指柴火。

1　非得递几十年的名片①，非得行几十年的礼，非得磕几十年的头②，非得请几十年的

2　安③，否则必定无法得到一官半职④。那些在朝廷中任正副部长以上，外出担任监

3　司⑤以上官职的，一百人当中，五官⑥不全的大概有九十六七人。不是眼瞎⑦就是耳

4　聋⑧，不是手打战⑨就是脚瘸跛⑩，再不就是半身瘫痪⑪，他自身的衣食起居⑫，尚且不

5　能自己处理⑬，必须由三四个人在左右伺候⑭着才能过日子。以这样的人担负国家

6　大事，这与让木偶⑮治理天下有什么两样呢！况且⑯那些家伙，从他少年壮年的时候

7　就不知道亚细亚⑰、欧罗巴⑱是什么地方，汉高祖⑲、唐太宗⑳是哪一朝皇帝，还嫌㉑他

8　愚笨僵化腐败㉒没有到达极点，又一定要去激励㉓他，陶冶㉔他，等他脑髓㉕已经干

9　涸㉖，血管已经堵塞㉗，奄奄一息㉘，与鬼作邻居之时，然后将我二万里山河，四万万人

---

① 递名片(dì míng piàn)：职场上与他人初次见面时，常常要递上名片作自我介绍，这是一种客套的社交礼仪。

② 磕几十年的头(kē jǐ shí nián de tóu)：磕头是一种以头着地或近地的跪拜礼，文言称为"叩首"，白话称为"叩头"。中国古代讲究对"天地君亲师"行磕头的礼节。本文在此意指对待上级就像对长辈一样小心服从。

③ 请几十年的安(qǐng jǐ shí nián de ān)：请安，清代的问安礼节之一。男子打千，即右膝半跪，较隆重时双膝跪下；女子双手扶左膝，右腿微屈，同时口里称"请某人安"。

④ 一官半职(yī guān bàn zhí)：泛指普通的官职。"一×半×"的四字格词语常形容少、小、轻、微，如"一星半点"。

⑤ 监司(jiān sī)：负有监察之责的官吏。汉代以后的司隶校尉和督察州县的刺史、转动使、按察使、布政使等都称为监司。

⑥ 五官(wǔ guān)：耳、眉、眼、鼻、口五种人体器官。

⑦ 眼瞎(yān xiā)：眼睛失明，永远看不见了，也比喻眼力差。

⑧ 耳聋(ěr lóng)：耳朵再也听不见声音了，文雅的说就是听觉失灵或闭塞。

⑨ 打战(dǎ zhàn)：哆嗦，发抖，寒冷或发笑时的动作。多指害怕。

⑩ 瘸跛(qué bǒ)："瘸"指腿脚有病、行步不平衡，"跛"指足瘸。

⑪ 瘫痪(tān huàn)：身体任何部位运动的或感觉的功能完全或部分丧失。常见于脑血管意外后遗症及神经系统其他一些疾病。可英译为paralysis。带有偏旁"疒(nè)"的汉字大都表示身体疾病或不健康的状态。

⑫ 起居(qǐ jū)：指日常生活作息。

⑬ 处理(chǔ lǐ)：处置，安排，料理。

⑭ 伺候(cì hou)：在身边服侍(shì)，照料。

⑮ 木偶(mù ǒu)：木刻的人像。常用来形容痴呆的神情，以及表示被别人操控、操纵、摆弄。

⑯ 况且(kuàng qiě)：连词，表示更进一层，多用来表示补充说明情况或表达原因、理由。

⑰ 亚细亚(yà xì yà)：亚洲，曾译作"亚细亚洲"(Asia)。

⑱ 欧罗巴(ōu luó bā)：欧洲，也称作"欧罗巴洲"(Europe)。

⑲ 汉高祖(Hàn Gāozǔ)：刘邦(公元前256—公元前195年)，沛郡丰邑(今江苏省徐州市丰县)中阳里人，汉朝开国皇帝。

⑳ 唐太宗(Táng Tàizōng)：李世民(公元599—公元649年)，祖籍陇西成纪，唐朝第二位皇帝，政治家、战略家、军事家、诗人。

㉑ 嫌(xián)：厌恶(wù)，埋(mán)怨，不满。

㉒ 愚笨僵化腐败(yú bèn jiāng huà fǔ bài)：愚笨，愚蠢笨拙，迟钝不机灵。僵化，思想凝固不变，不向前发展。腐败，指人的思想陈腐或行为堕落。

㉓ 激励(jī lì)：激发、鼓励，让对方振作起来。

㉔ 陶冶(táo yě)：本义是陶铸(zhù)，比喻对人的性格和思想进行培养、培育、教化，也指怡情养性。

㉕ 脑髓(nǎo suǐ)：脑浆，在头盖腔内，外有脑膜包着，是神经系统的主要部分。

㉖ 干涸(gān hé)：本指水量枯尽，多用于河道、池塘，此处指脑浆竭尽。

㉗ 堵塞(dǔ sè)：阻塞、封闭，使不能畅通。

㉘ 奄奄一息(yǎnyǎn yī xī)：形容气息微弱，比喻衰微不振，临近灭亡、消亡、湮(yān)没或毁灭。

1　命，一举而交付①在他手中。真可悲啊！老大帝国，确实是老大啊！而他们那些

2　人，积聚了自己几十年的八股、请示、当差、薪水、名片、行礼、磕头、请安，千辛万

3　苦，千苦万辛，才刚刚得到这个红顶花翎②的官服、中堂大人③的名号。于是使出他

4　全副④的精神，用尽他毕生⑤的力量，以求万无一失⑥。就像乞丐⑦拾到金子，虽然

5　轰隆隆⑧的响雷盘旋⑨在他的头顶上，而双手仍紧抱着他装钱的口袋，其他的事情

6　就不是他想顾及⑩、想知道、想听到的了。在这个时候你告诉他要亡国了，国家要

7　被瓜分⑪了，他怎么会关注⑫并相信这些消息呢？即使果真亡国了，果真被瓜分了，

8　这些人也会想自己已经七、八十岁了，但求⑬这一两年之内，洋人不来，强盗⑭不来，

9　好让他自己快活地度⑮过一生。如果迫不得已，那么就割让⑯两三个省的土地双手

10　献上以示恭敬，以换取他的几个衙门⑰；卖几百万人民作为仆人奴隶⑱，以赎⑲回他自

11　己一条老命⑳，有什么不可？有什么难办？真是可悲啊！今天所谓的老后、老臣、老

12　将、老吏，他们修身、齐家、治国、平天下㉑的手段，全都在这里了。让无常㉒来当医生，

----

① 交付(jiāo fù)：交给。

② 花翎(huā líng)：清朝以孔雀羽制成拖在帽后表示官品的帽饰。本来由皇帝赐给建有功勋的人或贵族，后来五品以上的官就可以出钱捐花翎戴。花翎有单眼、双眼、三眼之别，以三眼花翎为最贵。

③ 中堂大人(zhōng táng dà ren)：这个称呼起源于北宋(一说起于唐)，因宰相在中书省内办公而得名。明清时成为对内阁大学士的称呼。明代大学士实际掌握宰相的权力，其办公处在内阁，中书居东西两房，大学士居中，故称中堂。清代大学士原是空衔，为满足大学士对权力的要求，往往要管一个部，京官一般有一满一汉分坐于东西，当中是空的，如有管部大学士在场，便坐在中间，故亦称中堂。清代包括协办大学士均用此称。后来中堂成为一种尊称。这只是虚名，并不代表实际权力，实权由军机处掌握。

④ 全副(quán fù)：全部、整个。"副"是量词，用于面相、表情等。

⑤ 毕生(bì shēng)：终生、一生、今生今世或全部的人生。"毕"的义项有完全、完结、究竟、到底等。

⑥ 万无一失(wàn wú yī shī)：形容绝对不会出差错。

⑦ 乞丐(qǐ gài)：专靠要饭要钱过活的人。

⑧ 轰隆隆(hōng lōng lōng)：象声词，形容雷声、爆炸声、机器声等。

⑨ 盘旋(pán xuán)：旋绕飞行，打转，旋转，逗留，徘徊。

⑩ 顾及(gù jí)：想到，照顾到，注意到。

⑪ 瓜分(guā fēn)：如同切瓜一样地分割或分配。常指分割国土。

⑫ 关注(guān zhù)：关心重视，用实际行动或用心对待某人、某事。

⑬ 但求(dàn qiú)：只想要。"但"在文言中是"只"的意思。

⑭ 强盗(qiáng dào)：抢夺他人财物的人。

⑮ 度(dù)：过，(时间上)由此到彼，如"欢度春节"。

⑯ 割让(gē ràng)：因战败或受威胁，被迫把部分领土让给他国。

⑰ 衙门(yá men)：旧时官吏办事的地方。

⑱ 仆人奴隶(pú rén nú lì)：仆人，指被雇(gù)到家庭中做杂事的人。奴隶，为奴隶主无偿劳动而没有人身自由的人，常被奴隶主任意买卖或杀害。

⑲ 赎(shú)：用钱物或其他代价换回人身或抵押品。

⑳ 老命(lǎo mìng)：本义是老者的生命，泛指生命，在此有讽刺意味。

㉑ 修身(xiū shēn)、齐家(qí jiā)、治国(zhì guó)、平天下(píng tiān xià)：提高自身修为，管理好家庭，治理好国家，安抚天下百姓苍生。这是儒家的伦理哲学和政治理论，出自《礼记·大学》。

㉒ 无常(wú cháng)：无常鬼，旧时迷信将无常说成人死时把人的灵魂带走的使者，分为黑无常和白无常。

1 带着催命符①以祝寿，唉，令人悲痛啊！以这样的办法来统治国家，哪能不老而将死

2 呢，恐怕还未到年岁就夭折②了。

3 ············

左起：梁启超、光绪帝、康有为

4 **编者按语**

5 《少年中国说》是梁启超的代表作之一，写于戊戌变法失败后的 1900 年，发表在《清

6 议报》上，当时作者正处流亡日本之时。由于帝国主义列强入侵，义和团爱国运动爆发。

7 但帝国主义列强组成八国联军，与清政府联合镇压了义和团运动，并占领天津和北京等

8 地。慈禧、光绪逃出京城。当时八国联军制造舆论，称中国是"老大帝国""东亚病夫"。

9 国人无知昏聩③者也散布悲观④情绪，声称"中国不亡是无天理""任何列强三日内就可以

10 灭亡中国"等，民族危机空前严重。

11 此时的梁启超站在资产阶级改良派的立场上，极力赞扬少年勇于改革的精神，鼓励

12 人们肩负起建设少年中国的重任，字里行间饱含爱国激情，对处于内外交困情况下的中

13 国知识分子，具有极强的感染力。

14 时任中共中央文献研究室副主任的陈晋在《党史文献》2009 年第 1 期发表《青年马

15 克思和青年毛泽东的一点比较》一文指出，毛泽东在接受马克思主义之前，极为尊崇梁

16 启超的学说。在 20 世纪 50 年代，毛泽东要求知识分子全面评价胡适、康有为、梁启超。

17 1958 年 3 月 22 日，毛泽东在成都会议上指出：自古以来，创新思想、新学派的人，都是

18 学问不足的青年人……青年人抓住一个真理，就所向披靡，所以老年人是比不过他们的。

---

① 符(fú)：古代凭证符券、符节、符传等信物的总称。此指阎王指派手下的信物。

② 夭折(yāo zhé)：未成年而死亡，也比喻事情中途失败。

③ 昏聩(hūn kuì)：眼花耳聋，头脑糊涂。

④ 悲观(bēi guān)：消极失望，和"乐观"相对。"观"在这里的意思是对事物的看法、认识。

同年 4 月 8 日，毛泽东在武昌再次称赞梁启超"是当时最有号召力的政论家"，其文章"一反骈体、桐城、八股之弊，清新平易，传诵一时"。

毛泽东之所以如此看重梁启超，确实因为梁启超将民主进步之光带给民众，成为近代中国伟大的启蒙者之一。虽然戊戌变法已经过去一百多年，但梁启超却从未淡出中国社会改革者的视野。每次我们回望梁启超，都能够强烈地感受到新的启迪与冲击，今天重温这篇演讲，仍然心潮澎湃、热血沸腾。青年是一个民族的希望与脊梁，青年肩负着保卫和建设祖国的重任。因此，青年必须发愤图强，以只争朝夕的精神为理想而奋斗。文章紧扣主题，运用排比句法，层层推进，逐次阐发，写得极有感情，极有气势。

重点词汇

修身　齐家

国民　朝廷

进取　推陈出新

保守　陈旧　因循守旧　僵化

八股文

语法偏误

词缀是黏附在词根上构成新词的语素，它本身不能单独构成词，可分为三类：黏附在词根前面的词缀为前缀，如阿、老、小；词根后面的为后缀，如子、儿、头、者；插入词根中间的称中缀，如里、不、得（有些语言学家认为汉语没有中缀词）。汉语中的词缀也是汉语名词的形态标志。另外还有一部分为类前缀和类后缀。

（1）阿　"阿"构成的名词多见于南方方言，多指人，如阿兄、阿妹。加在表人的名字前时，往往含有亲近的意味，多用来称呼同辈或晚辈，属于非正式称呼。

（2）老　前缀为"老"的词有四类：表示排行（老二、老几）、轻微厌恶或惧怕（老鼠、老虎）、称呼亲近的长辈或同辈（老兄、老舅）、随意的俗称（老婆、老汉）。

（3）小　"小"可表示亲昵（小鬼、小伙儿）、谦称（小店、小儿）、非正规的附带的（小名儿、小意思）、相对偏小或较为低层的（小人书、小吃）。

（4）子　其类型有名词性语素＋子（金子）、动词性语素＋子（剪子）、形容词性语素＋子（胖子）、多语素＋子（老爷子）。后缀"子"总是读轻声。

（5）儿　有些"儿"后缀可以去掉（花儿、根儿），但有些加与不加会产生意思上的差异（把儿、信儿），有些则不能省略（抠门儿、窟窿眼儿），有些往往省略（项链儿、水饺儿）。由个体量词加后缀"儿"，可以变为名词（个儿、串儿），由数词加"儿"构成的名词，往往用来排行称呼自己的子女，但在发音上，后缀"儿"是不单独成音节的。

"儿""子"均可做后缀，但意义并不相同，加"儿"一般指称的东西较小或带有喜爱的感情色彩，加"子"时则常指较大的事物或感情色彩较为厌恶。此外，"子"也是中国古代

1　对老师或有道德、有学问的人的尊称，如孔子、孟子等。

2　　（6）头　名词性语素＋头（舌头、苗头）；方位意义的语素＋头，构成处所名词（外头、

3　后头）；动词性语素＋头，构成名词，表示抽象的意义（来头、奔头）；形容词性语素＋头，

4　构成名词，表示抽象意义（苦头、准头）。

5　　（7）者　主要指有此属性或做此动作的人（学者）。"前者""后者"可指事物。

6　　类前缀如亚、类、非、超等，类后缀如士、手、迷、主义、性、式、厅、场、品等。

7　　母语为印欧语系的汉语学习者往往受母语负迁移的影响，在学习汉语词缀时多有

8　混淆。比如英语中"-er"往往指人，意义用法与汉语词缀"者"较为接近，因此在

9　announcer、designer、engineer 这类词中，他们往往理解为播音者、设计者、工程者（正确

10　的表述应分别为播音员、设计师、工程师）。

11　**课堂练习**

12　1. 填空：梁启超参与的"戊戌变法"中的"戊戌"是＿＿＿＿＿＿＿纪年法。

13　2. 连线：请将本题左右两列选项连为三组反义词。

14　　进取　　　　　　　怯懦

15　　新生　　　　　　　保守

16　　豪壮　　　　　　　灭亡

17　3. 选择："修身、齐家、治国、平天下"中的"齐"的意思是＿＿＿＿＿＿＿。

18　　A. 同时、一起　　　　　　　B. 齐国的

19　　C. 达到（一定的水平）　　　D. 治理、管理

20　4. 选择：文中"老后、老臣、老将、老吏"中的前缀"老"的用法是＿＿＿＿＿＿＿。

21　　A. 排行　　　　　　　　　　B. 厌恶、惧怕

22　　C. 亲近的长辈或同辈　　　　D. 随意的俗称

23　5. 选择：文中"还嫌他愚笨僵化腐败没有到达极点"中的"他"指的是＿＿＿＿＿＿＿。

24　　A. 掌握国家大权的人　　　　B. 残疾人

25　　C. 木偶　　　　　　　　　　D. 汉高祖、唐太宗

26　6. 简答：如何理解西方名谚"有三岁的老翁，有百岁的儿童"？

_____

_____

27　**课后思考**

28　1. 作者在文中运用了多种修辞手法，最明显的有比喻和排比。使用这样的手法有什么

29　　好处？

30　2. 清朝末年民国初年，中国政治动荡不安，通过下面的词语了解影响当时中国历史进程

31　　的重大事件。

32　　立宪　共和　复辟　五四

1 延伸阅读

2 《范爱农》(鲁迅)

3 《万历十五年》([美]黄仁宇)

4 《论中国》([美]亨利·基辛格)

第二章

经济： 沧海桑田

【导读】

　　中国有句古话是"民以食为天"，意思是人民将粮食看作最重要的东西。更进一步说，填饱肚子是平民百姓乃至所有动物最基本的生存需求。而为了获取粮食所展开的一系列活动，例如耕田种地、织布绩麻(把麻搓成线)等等，就构成了最基本的经济形态——农业。在历史上，中国经济长期由农业与个体手工业相结合的自给自足的小农经济支撑，这就使得古人对土地有种深厚的崇敬与依恋。这种情感时常直接反映在文学作品之中，例如本章陶渊明的诗《归园田居》。温饱问题解决后，货币就成了经济活动的主角，一块贝壳，一枚铜钱，皆被赋予以币换物的价值，同时也成了人的贪婪之心的度量。西晋时期(公元266—公元316年)有位文人作了一篇《钱神论》，里面写道：钱可以让危险的事物变得安全，可以让快死的人再度复活，可以让尊贵变成卑贱，可以让生者活活被杀死。可见，金钱的异化也成为人们心头的隐忧。

　　本章第4课《归园田居》是陶渊明辞去官职、归隐田园时所作，记述了他在山野间亲自耕田种地、自在生活的情景。作品寄托了他对平和宁静的田园生活的热爱，也流露出对官场纷争、复杂人世的厌恶。在中国文学史上，陶渊明是归隐文人的理想化身，代表着对自然、简朴、生活本质的崇高追求。第5课《孔方兄》将钱币拟人化，以对谈的形式表达了作者的金钱观：钱在方方面面都有其重要作用，唯独不能让人起死回生。在第6课《讲故事的人(节选)》中，莫言通过回忆儿时母亲的点点滴滴，塑造了一个在穷困年代为了生计劳累受苦，但依旧极其朴实善良的慈母形象。

【关键词】

　　乡土情结　小农意识　经济体制

第4课　归园田居①

（选自陶渊明②《归园田居》组诗的第一、三首）

其一：

少无适俗韵③，性本爱丘山。

误落尘网中④，一去三十年。⑤

羁鸟⑥恋旧林，池鱼思故渊。⑦

开荒⑧南野际⑨，守拙⑩归园田。

方⑪宅十余亩⑫，草屋八九间。

榆⑬柳荫⑭后檐⑮，桃李罗⑯堂前。

陶渊明

① 归园田居(guī yuán tián jū)：这首诗十分细腻、生动地描写了诗人对农田劳动生活的体验。作品既因运用典故而使诗句的意境更为深远，又不因运用典故而使诗句失去纯真的情意，风格清淡而又不失典雅，洋溢着诗人心情的愉快和对归隐的自豪。

② 陶渊明(Táo Yuānmíng)：生于公元365或372或376年，卒于427年。字符亮，号五柳先生，一说名潜，字渊明，东晋浔阳柴桑(今江西九江)人。出身没落士族，少时喜好读书及佛道之事。晋太元十八年(公元393年)出任江州祭酒，因不满官场腐败，不久辞归故里。后来他又做过镇军参军、建威参军等小官。41岁时出任彭泽县县令，不足三个月，不愿"为五斗米折腰"，自行解职归隐。此后，朝廷曾召他担任著作郎，他一直拒绝，最后终老乡里，死后人们称他为靖节先生。其诗文多描写农村恬静自然的生活，时而流露出对统治集团腐朽的憎恶，但有时也宣扬"乐天安命"的消极思想。代表作有《归去来兮辞》《归田园居》《桃花源记》等。今存《陶渊明集》。

③ 适俗韵(shì sú yùn)：适接逢迎、周旋。韵是指为人品格、精神气质。所谓"适俗韵"指的是逢迎世俗、周旋应酬、钻营取巧的那种情态。

④ 尘网(chén wǎng)：官府生活污浊而又拘束，犹如网罗。这里指仕途、官场。

⑤ 三十年(sān shí nián)：宋朝进士吴仁杰(著有《陶靖节先生年谱》)认为当作"十三年"。陶渊明自太元十八年(公元393年)初仕为江州祭酒，到义熙元年(公元405年)辞彭泽令归田，恰好是十三个年头。诗中"一去三十年"，或为夸张，或为误传。

⑥ 羁鸟(jī niǎo)：笼中之鸟。"羁"本来指马笼头，引申为束缚。

⑦ 池鱼思故渊(chí yú sī gù yuān)：池塘之鱼思念以前生活的深水。比喻自己怀恋旧居或向往的生活。

⑧ 开荒(kāi huāng)：开垦荒地。

⑨ 南野际(nán yě jì)：南野，有一种版本作"南亩"。际，间，交界或靠边的地方。

⑩ 守拙(shǒu zhuō)：守正不阿，不溜须拍马、不阿谀奉承。潘岳《闲居赋序》有"巧官""拙官"二词，巧官即善于钻营，拙官即一些守正不阿的人。守拙的含义即守正不阿，可解释为固守自己愚拙的本性。

⑪ 方(fāng)：读作"旁"。

⑫ 亩(mǔ)：土地面积单位，约等于666.67平方米。这句是说住宅周围有土地十余亩。

⑬ 榆(yú)：榆树，落叶乔木，叶子卵形，果实叫榆钱，木材可供建筑或器具用。

⑭ 荫(yīn)：荫蔽，林木遮住日光所成的阴影。

⑮ 檐(yán)：屋檐。

⑯ 罗(luó)：罗列。

1　　　　　　　　　暧暧①远人村,依依②墟③里烟。

2　　　　　　　　　狗吠深巷中,鸡鸣桑树颠。④

3　　　　　　　　　户庭⑤无尘杂⑥,虚室⑦有余闲⑧。

4　　　　　　　　　久在樊笼里,复得返自然。⑨

5　　其三：

6　　　　　　　　　种豆南山⑩下,草盛豆苗⑪稀⑫。

7　　　　　　　　　晨兴理荒秽⑬,带月荷锄⑭归。

明·马轼《归去来兮图》(局部)

① 暧暧(ài ài)：暗淡的样子。

② 依依(yī yī)：形容炊烟轻柔而缓慢地向上飘升。

③ 墟(xū)：本诗指村落、乡村市集,但今天常常指废墟。

④ 狗吠深巷中,鸡鸣桑树颠(gǒu fèi shēn xiàng zhōng, jī míng sāng shù diān)：吠,狗叫。桑,木名,叶可饲蚕,果可食用和酿酒,叶、果、枝、根、皮皆可入药。颠,顶端、上端。这两句全是化用汉乐府《鸡鸣》篇的"鸡鸣高树颠,犬吠深宫中"之意。

⑤ 户庭(hù tíng)：户外庭院,也泛指门庭、家门。

⑥ 尘杂(chén zá)：尘俗杂事。

⑦ 虚室(xū shì)：空室,陈设简单的屋子,"虚"与"实"相对。

⑧ 余闲(yú xián)：闲暇,空闲的时光。

⑨ 久在樊笼里,复得返自然(jiǔ zài fán lóng lǐ, fù dé fǎn zì rán)：樊笼,关鸟兽的笼子,这里比喻仕途、官场。"樊"是栅栏的意思。复,还、返回。返自然指归耕田园。这两句是说自己像笼中的鸟一样,重返大自然,获得自由。

⑩ 南山(nán shān)：一般指庐山,但也有学者有不同意见。

⑪ 苗(miáo)：泛指一般植物之初生者,如树苗、豆苗、蒜苗、韭苗等,又引申指事物的因由、端绪、预兆。

⑫ 稀(xī)：稀少,事物中间距离远、空隙大,与"密"相对。

⑬ 晨兴理荒秽(chén xīng lǐ huāng huì)：兴,这里指起床。荒秽,形容词作名词,指豆苗里的杂草。"秽"的本义是肮脏。本句指早晨起来到田里清除野草。

⑭ 荷锄(hè chú)：扛着锄头。

1　　　　　道狭草木长①，夕露②沾③我衣。

2　　　　　衣沾不足④惜⑤，但使愿无违⑥。

3　**编者按语**

4　　　古代知识分子归隐大致可归为两种：因热爱田园生活的自然本性而归隐；人在江

5　湖，心系朝廷而被动归隐。陶渊明诗歌中流露出的"性本爱丘山"使其隐居生活渲染了

6　浪漫情怀和审美意味。

7　　　一直以来，在出仕做官和归隐田园之间，陶渊明踟蹰⑦不定。东晋偏安江南，社会不

8　稳，民不聊生，陶渊明虽然有报国济世之心，但因是寒门庶族（当时社会上的普通中小地

9　主），注定只能出任一些小官。这样的局面加上陶渊明自身的傲岸性情及骨子里对乡野

10　生活的期盼，使得他反反复复后最终下定决心归隐田园。

11　　　陶渊明辞官退隐，躬耕于乡野田间，这样的生活环境成为滋润其诗歌生命的土壤，

12　成为滋养其人格魅力的家园。陶渊明的诗歌平淡、真实、悠远，这一风格源自其不为世

13　俗所污染的高峻人格，而这一精神品格，被历代知识分子争相推崇和仿效。

14　　　在陶渊明的田园生活中，一切事物都是充满诗情画意的，《东坡题跋》卷二《题渊明

15　饮酒诗后》："因采菊而见山，境与意会，此句最有妙处。近岁俗本皆作'望南山'，则此一

16　篇神气都索然矣。"从陶渊明的诗歌中，我们看出他并非把归隐当作求取功名利禄的捷

17　径，这也就是后世归隐者虽大有人在，但各自精神品格均达不到陶渊明高度的原因。

18　　　这里需要注意的是，陶渊明之所以能够自在地归园田居，是与中国古代经济模

19　式——小农经济分不开的。小农经济是自给自足的自然经济，以家庭为单位，男耕女

20　织，产生于春秋战国时期铁犁牛耕的背景下。中国历史上的农具改进是朝着精耕细作，

21　即适合小农经济的方向发展的。而这一经济局面的形成，又与农民在古代社会的身份

22　和地位有关。《汉书·食货志》云："士农工商，四民有业。"不仅如此，小农经济构成了国

23　家财政和税收的来源，也是军队和官僚阶层的人力来源，所以中国古代一直存在以农为

24　本、工商为末的潜意识。

25　**重点词汇**

26　　归隐　不求甚解　折腰　守拙

27　　士农工商　小农经济　自给自足　男耕女织

---

① 道狭草木长(dào xiá cǎo mù cháng)：狭，狭窄。草木长，草木丛生。
② 露(lù)：露水，夜晚或清晨近地面的水汽遇冷凝结于物体上的水珠。
③ 沾(zhān)：打湿。
④ 足(zú)：值得。
⑤ 惜(xī)：可惜；爱惜，珍惜；舍不得，吝惜；怕。
⑥ 但使愿无违(dàn shǐ yuàn wú wéi)：但，只。愿，愿望，这里指向往田园生活。违，违背。但使愿无违，只要不违背
　　自己的意愿就行了。
⑦ 踟蹰(chí chú)：徘徊不前的样子。

1　　田园　开荒　南山　桃李　依依

2　　桃花源

3　　**语法偏误**

4　　代词是具有代替或指称人及事物作用的词。包括人称代词、疑问代词、指示代词。

5　　人称代词有你、我、他、我们、咱们、自己等。本课中"夕露沾我衣"的"我"字作为人

6　称代词由来已久，这类代词对留学生来说并不难掌握。但是有个别的人称代词需要注

7　意，比如"您"。"您"是代替"你"字而对人的尊称，但是指称多人时，留学生往往误用"您

8　们"，但其实只能使用"你们"，因为"您"的本意就是"你们"的意思。

9　　另外需要注意，单数人称代词"我"或"你"作定语时常用来代替"我们""你们"，例如"陶

10　渊明是我国古代著名诗人"。而有时为了表现谦虚恭敬、低调含蓄，可以用"我们"代替"我"。

11　　口语中，还常见"咱们"一词，凡是可以使用"咱们"的地方也可以用"我们"，但说话

12　人用"我们"时，如果所指的人不包括听话人的一方，"我们"不能改用"咱们"。

13　　人称代词中还有个"人家"，用来指第三人称，也可以用来确指第一人称，但限于指

14　说话人自己，并且是在口语中。年轻女子常用"人家"以表达娇嗔①、亲昵的情感。

15　　指示代词中，"每""各"是较易混用的一对，需要注意。

16　　对于疑问代词，则需要掌握其特殊用法。比如表示反问时，句子中虽然含有疑问代

17　词，但并不要求对方回答；句中有否定词时，一般表达的是肯定的意思；句中无否定词

18　时，一般表示否定的意思。

19　　又如，口语里常单用一个"哪儿＋呀"（哪儿呀）或叠（dié）用"哪里"（哪里哪里），表示

20　否认，也是一种谦辞。此外，"谁、什么、哪、哪儿"等疑问代词还可以用来表示任指，比如

21　"谁"可以指任何一个人，"什么"可以指任何一件东西。

22　　最后，疑问代词"某"可直接用在名词前面，指代不愿意、不用说或说不出来的人或

23　物。还可以用在姓氏的后面指确定的人，如"张某、李某"等。

24　　**课堂练习**

25　1. 判断："三十年"指的是 30 个春秋。（　　　　）

26　2. 填空：从"恋""思"两字的形体可以看出，中国古人认为人的意识、想法、情感是来自

27　　人的_____。

28　3. 选择：诗句"草盛豆苗稀"想要表达的是_____。

29　　A. 作者种田能力差，致使草长得多

30　　B. 中国古代小农经济不发达

31　　C. 表现田园生活的平淡真实

32　　D. 作者心里想念朝廷政治，无心种田

---

① 娇嗔（jiāo chēn）：女子撒娇，假装生气的样子。

4. 填空：下列浓浓的中国情结是一种_____情结。感受这种情结对于中华民族的意义。

A. 陶渊明《归园田居》：羁鸟恋旧林，池鱼思故渊。

B. 王维《九月九日忆山东兄弟》：独在异乡为异客，每逢佳节倍思亲。

C. 李白《静夜思》：举头望明月，低头思故乡。

D. 李商隐《巴山夜雨》：君问归期未有期，巴山夜雨涨秋池。何当共剪西窗烛，却话巴山夜雨时。

E. 韦庄《菩萨蛮》：人人尽说江南好，游人只合江南老。……未老莫还乡，还乡须断肠。

F. 王安石《泊船瓜洲》：春风又绿江南岸，明月何时照我还。

5. 排序：古人按社会贡献由高到低的顺序对四种基本的行业进行了排序。请将这四种行业按由低到高的顺序写出来。_____→_____→_____→_____

A. 农　　　　　B. 商　　　　　C. 士　　　　　D. 工

6. 简答："带月荷锄归"可以作"戴月荷锄归"吗？你是如何看待这个问题的？

_____

_____

_____

课后思考

1. 自食其力的田园生活在你想象中是什么样的？为什么陶渊明会如此选择他的人生道路？

2. 为什么古代有许多读书人选择隐居？实现隐居的可能性有哪些？

延伸阅读

《悯农二首》（〔唐〕李绅）

《宁国府除夕祭宗祠，荣国府元宵开夜宴》（《红楼梦》第五十三回）

《人生的爱好者：陶渊明》（林语堂）

牛郎织女的传说

第5课　孔方兄

（"孔方兄"即方孔圆钱。在评弹[1]长篇[2]书目中，有一段关于金钱的经典唱篇，即传统[3]书目《杨乃武与小白菜[4]》中，贪婪[5]的绍兴[6]师爷[7]钱如命所唱的《孔方兄》。本文据之改编。）

尘世[8]何时能少我，生存需要孔方兄。

与君结交[9]游天下，南北东西路路通。四海为家四海好，所欲所求皆[10]成功。

环球人类联[11]知己[12]，若要生存尘世中，谁人可少孔方兄。

"《诗》云"[13]"子[14]曰"[15]念[16]书客，寒窗[17]苦读勤用功。官高爵[18]显朝堂[19]上，美妾[20]

---

① 评弹(píng tán)：曲艺的一种，流行于江苏、浙江一带，有说有唱，由评话和弹词结合而成。

② 长篇(cháng piān)：长的篇幅，多指诗文或议论。

③ 传统(chuán tǒng)：世代相传的具有特点的精神、风俗、道德、思想、艺术、制度、行为方式等。

④ 杨乃武与小白菜(Yáng Nǎiwǔ yǔ Xiǎobáicài)：清末四大疑案之一。同治年间，杨乃武与葛毕氏被怀疑通奸并杀人，在屈打成招(施以刑罚，迫使无罪的人招认)后，含冤入狱。此案惊动朝廷，在数度更审后虽还予清白，然而两人受尽酷刑折磨的悲惨遭遇仍令人不胜唏嘘感慨。该故事后被改编为淮剧、潮剧等，又有同名小说及影视作品。

⑤ 贪婪(tān lán)：贪得无厌，不知足，对金钱、物品等充满非同寻常的强烈欲望。

⑥ 绍兴(shào xīng)：绍兴市是浙江省辖市，位于浙江省中北部、杭州湾南岸。

⑦ 师爷(shī ye)：帮助军政大员办理事务的文人学士，是清代官署中幕僚的俗称，也用以指称为地主或商人管账的人。此外，师爷还可以作为称谓词，指称太老师或老师的父亲，但读音为"shī yé"。

⑧ 尘世(chén shì)：人间，俗世；佛教、道教等指人世间、现实世界。

⑨ 结交(jié jiāo)：与人交往，建立情谊。

⑩ 皆(jiē)：副词，都，全部，在文言文中很常见，今天书面语中也常用。

⑪ 联(lián)：连接，结合，联合，联系。

⑫ 知己(zhī jǐ)：了解、理解、赏识自己的人，彼此相知而情谊深切的人，最亲密的朋友。古诗有"海内存知己""莫愁前路无知己"等。

⑬ 云(yún)：动词，说，在文言文中很常见。

⑭ 子(zǐ)：古代对人的尊称，这里指孔子。

⑮ 曰(yuē)：动词，说，在文言文中很常见。

⑯ 念(niàn)：说，读，诵读。其他还有想念、纪念等义项。

⑰ 寒窗(hán chuāng)：冬日寒冷的窗前，常用以形容寂寞艰苦的读书生活。类似的还有"寒门"一词，指贫寒微贱的家庭。

⑱ 爵(jué)：爵位，爵号，官位。是古代皇帝对贵戚功臣的封赐，也是君主国家的贵族封号。旧说周代有公、侯、伯、子、男五种爵位，后代爵称和爵位制度往往因时而异。此外，爵也是一种酒器。

⑲ 朝堂(cháo táng)：汉朝开始皇帝召集重要官员议政之处，这里泛指朝廷。

⑳ 妾(qiè)：旧时男子在妻子以外娶的女子，是古代一夫一妻多妾制的产物。有些朝代，女子也往往自称为妾，包括上流社会的正妻。实际上，"妾"的本义是女奴隶。

1 娇①妻绣阁②中。花天酒地③乐融融④，皆因拥有孔方兄。还有这般⑤有田有地大财

2 主⑥，卖豆饼⑦，去下壅⑧，踏⑨水车，去雇⑩工，秋来收稻乐融融，马上身边大松动⑪，就

3 是有了孔方兄。

4   经营⑫买卖商贾⑬客，大发其财称富翁。人前意气⑭甚⑮威风，此时全靠孔方兄。

5   每见光身滑溜⑯汉，戤⑰过西，戤过东，戤来戤去不成功，亲朋好友家中去，冷言⑱

6 冷语冷面孔。一旦⑲身边有了侬⑳，立刻、马上㉑显威风。妻妾田地样样有，身上衣

7 衫㉒阔而充㉓。出去人人称相公㉔，名头㉕全靠孔方兄。

8   我本浙江绍兴人，家中吃用开销㉖大，囊㉗中无钱常常空。一封㉘家书到，眉头就

---

① 娇(jiāo)：柔嫩、美丽、妩媚(wǔ mèi)、可爱；意志脆弱、不能吃苦耐劳；过分爱护、宠爱、放纵、娇惯。

② 绣阁(xiù gé)：也称绣房、闺房，指的是年轻女子的居室装饰得华丽、漂亮、雅致，故称绣阁。

③ 花天酒地(huā tiān jiǔ dì)：形容沉湎、沉浸在酒色之中。花，这里指妓女，也比喻浪荡或花心的女人。

④ 融融(róng róng)：形容和乐、愉快、恬(tián)适的样子，也指暖和的样子。

⑤ 般(bān)：样，种，类，一样，似的。

⑥ 财主(cái zhǔ)：资财的主人，占有大量财富的人。

⑦ 饼(bǐng)：古称烤熟或蒸熟的面食，取面水合并之意，后专指扁圆形的用面粉、米粉等做成的食品。

⑧ 下壅(xià yōng)：疏通堵塞的下水道、水沟等。

⑨ 踏(tà)：踩、践踏，足着地的动作。另外，也常用于"踏实"(tā shi)一词，指切实、安稳、不浮躁。

⑩ 雇(gù)：出钱让人为自己做事情，买劳动力，雇用工人。也可指花钱租借交通工具。

⑪ 松动(sōng dòng)：说话口气不再坚持，有余地；由于连接处不牢固而变得能够活动。本文此处指经济上不紧张，属于古代汉语中的用法。

⑫ 经营(jīng yíng)：经办、管理、筹划、谋划、计划、规划、组织、治理等，今多用于工商企业等。

⑬ 商贾(shāng gǔ)：古代对商人的称呼。郑玄在《周礼注》中解释为行商坐贾，行走贩卖货物为商，住着出售货物为贾，二字连用，泛指做买卖的人。

⑭ 意气(yì qì)：精神，神色，志向，气概。也指偏激、任性的情绪。

⑮ 甚(shèn)：很，表示程度，在文言文中很常见。

⑯ 滑溜(huá liu)：原本指光滑，此处指衣不蔽体的穷人。

⑰ 戤(gài)：抵押，今天已不常用这个单音节词。

⑱ 冷言(lěng yán)：含有讥讽意味的冰冷的话。类似的还有"冷嘲热讽"。

⑲ 一旦(yī dàn)：不确定的时间词，表示将来有一天。含有"万一""突然""如果"等预设意味。这里也可译为有朝(zhāo)一日。

⑳ 侬(nóng)：吴越之地的方言，相当于现代汉语中的"你"。

㉑ 立刻(lì kè)、马上(mǎ shàng)：即时，现在，即刻。但现代汉语中，如果并列使用"立刻""马上"，就犯了语义重复的毛病。

㉒ 衫(shān)：古代指无袖头的开衩(chà)上衣。多为单衣，亦有夹衣。其形制及称呼相传始于秦朝。

㉓ 阔而充(kuò ér chōng)：形容奢华高档。充，足够，充裕。

㉔ 相公(xiàng gong)：旧时对男子，尤其是读书人的敬称。也是古代妻子对丈夫的称呼。该词原本是对宰相的雅称。

㉕ 名头(míng tou)：名声，名气，名号。

㉖ 开销(xiāo)：作动词时指花费、支出、消费。作名词时指支付的费用、花销的钱，可译为 expense。

㉗ 囊(náng)：装有物品的口袋，这里尤指钱袋。成语"囊中羞涩"(náng zhōng xiū sè)比喻经济困难，因为口袋里没钱，所以人感到难为情，是经济不宽裕的委婉说法。

㉘ 封(fēng)：这里是量词，用来指称信件。本义是密闭，使跟外面隔绝，也指用来装信、钱等物的纸套，也有帝王把土地或爵位赐予亲属或臣僚的意思。

唐朝高祖武德四年(公元621年)所铸"开元通宝"钱

1　皱拢①。事事难如意，样样不成功。今日我兄来我处，小弟筋脉尽放松。眼睛水碌碌

2　碌②，面孔红彤③彤，浑④身火辣⑤辣，好像重伤风⑥。有了你老兄，我便不再穷。我死

3　也不肯离开你，即便阴间⑦交朋友，还是要你孔方兄。

4　　　师爷平生最爱你，为了你竟把命送，岂⑧知原是竹篮打水——一场空⑨。

5　**编者按语**

6　　　"币"字，《说文解字》解释为"帛⑩"，是绢帛的名称，古人以帛为祭祀或赠送宾客的礼

7　物，其他车马玉器等也可作为礼物。早期的贝壳、布帛等可称之为自然物商品货币。自

8　商末开始，中国进入了金属货币时代。中国古代货币可分为贝币、布币、刀币、圜(圆)

9　钱、金银铸币和纸币等。

10　　贝币包括海贝和青铜制成的青铜币，以楚国青铜贝币最为出

11　名。正是因为商代大量使用货贝进行交换，故而与交换、财物等

12　相关的一些汉字往往有"贝"偏旁，如：货、贾、價(价)、贵、财、费、

13　贿、赎等。

14　　布币来源于农业生产中的铲形工具。商周时期，青铜农具中

15　的斧、斤、钱等较为常见，在人们的生产生活中可以和其他物品进

16　行交换，久而久之，演变成布币。

17　　刀币由刀首、刀身、刀柄及刀环四部分组成，柄端有环，凸背

18　凹刃。据说将6枚刀币首尾相衔，可组成一个圆环。刀币是由商

笄肩尖足平首布"大阴"

---

① 皱拢(zhòu lǒng)：皱，本指脸上起的褶纹、物体上的褶纹，这里指生出褶纹、收紧。拢，聚集到一起。

② 碌碌(lù lù)：在此指像玉石一样美好的样子。另可指眼睛转动的样子。

③ 彤(tóng)：赤色，红色。

④ 浑(hún)：全、满。还有水不清、骂人糊涂等意思。

⑤ 辣(là)：刺痛和灼热的感觉。

⑥ 重伤风(zhòng shāng fēng)：指流行性感冒。

⑦ 阴间(yīn jiān)：迷信中人死后灵魂所到的地方，与人活着的"阳间"相对。

⑧ 岂(qǐ)：反问词，难道，怎么。

⑨ 竹篮打水——一场空(zhú lán dǎ shuǐ——yī cháng kōng)：这是歇后语，用竹编的篮子盛水，最终什么都盛不到。指劳而无功。

⑩ 帛(bó)：丝织品的总称。

1 周时期的青铜刀具演变而来的。

2 　　圆形圆孔的圜钱是秦国首先使用的货币样式,后来又出现了圆形方
3 孔的样式,名称也最终统一为"圆钱"。公元 221 年,秦始皇统一六国,将
4 贝币及布币、刀币全部废除,圆钱自此成为封建社会历代通行的货币形
5 式。王莽称帝后,以"泉"字代"钱"字(汉朝国姓"刘"的繁体字"劉"有"金
6 刀",因此排斥有"金刀"的"钱"字)。三国吴、唐五代等时期亦曾使用
7 "泉"字。因货币如泉水一样流通不息,加之中国文人附庸风雅,以"泉"
8 较"钱",少了"铜臭味",故而雅称钱作"泉"沿用至今。

9 　　唐高祖武德四年(公元 621 年)铸造"开元通宝"币,开创了新的货币
10 体制。通宝币制的币文内容由年号加"通宝"构成,前者表示新的纪元,
11 后者则表示通行宝货,这种币文结构模式成为唐以后历代封建王朝圆钱
12 的标准。

13 　　然而,上述货币形制、货币制度无论怎么变化,金钱的功能都如课文
14 中所言,自始至终未曾变化。变化的,只有人心。中国一直流行着两句
15 话:"有钱能使鬼推磨""金钱不是万能的,没有金钱是万万不能的"。这
16 是一部分中国人金钱观的直观展现。进入 21 世纪,在蓬勃的经济大潮中,消费主义愈
17 发兴盛,似乎一切都可以用金钱衡量,年轻一代往往将金钱财富作为奋斗的终极目标。
18 然而,金钱之上,有更高的却又是最低的做人的底线,这是每一个高校学子,包括留学生
19 在内,都必须铭刻于心的。钱师爷的那句"岂知原是竹篮打水——一场空",与君共勉!

赵国刀币"白人"

20 ╭───────╮
   │ **重点词汇** │
   ╰───────╯

21 　　铸造　通宝　买卖　贾
22 　　铜臭　名头
23 　　尘世　四海为家　花天酒地　意气风发　囊中羞涩

24 ╭───────╮
   │ **语法偏误** │
   ╰───────╯

25 　　金钱与数字密不可分。汉语中数字的用法有很强的特点。

26 　　现代汉语数字写作:零、一、二、三、四、五、六、七、八、九、十、两(与财务有关时则用
27 大写数字),表示数字位数的词是个、十、百、千、万、十万、百万、千万、亿等。

28 　　在汉语数字读法中,如果一个数中间有空位(位数词前没有系数词),那么在一级之
29 内不管空几位,都读一个"零"。

30 　　概数的意思是大概的数目。两个相邻的数词连用,一般数目小的在前,数目大的在
31 后,可以用来表示概数。如"八九个""两三年",但也可以说"三两天"(仅限"天"),不连
32 续的系数词如"三五"也可以表概数。

33 　　数词加上表示概数的词语,也可以用来表示概数。主要有"来、多、把、左右、前后、
34 上下、上"等。"来、把、成、上"偏口语化:

1　　来：当数字超过"十万"时，一般不在"万、亿"后边用"来"。如一般不说"一百三十万
2　来人、十二亿来人口"，但可以在"万、亿"前用"来"，如"一百三十来万人、十来亿美元"。
3　　　"多"的用法与"来"相似，表示比前面的数词所示的数目略多。"把"与"来"意思相
4　同，中国北方地区多用"来"，而南方多用"把"。"把"的特殊性在于只能用在位数词"个、
5　百、千、万"和某些量词之后，且不能用系数词修饰，意思仍是"一"。例如：个把月、百把
6　人、万把亩、块把钱。"左右"表示时间的概数时，不能用在时间名词之后（不能说"春节
7　左右"），而"前后"则常用于表示时间的名词后，如春节前后。"上下"一般适用于成年人
8　的年龄，如"三十上下"，而"左右"可以用于各种年纪。"成"和"上"只能位于"百"以上的
9　位数前，如"成百上千"，含有数目大的意思。
10　　要注意"两"和"二"的差别："十"之前只能用"二"不能说"两十"；"百、千、万、亿"位
11　于数字中间时，一般用"二"，处于开头时，"百"前可用"二"，也可用"两"；"千、万、亿"前
12　通常用"两"。
13　　有时候，有些数词不表示具体的数目，而是活用为其他用法。如"三、九、十、百、千、
14　万"均可表示多，这些词往往已作为固定搭配使用。

15　**课堂练习**

16　1. 判断："铜臭"是说铜钱闻起来味道很臭。（　　　）

17　2. 判断：人们常说的"孔方兄"是圆孔方形钱。（　　　）

18　3. 填空：请将右图中"孔方兄"的文字依次写出来＿＿＿＿＿。

19　4. 填空：仿照"红彤彤""火辣辣"写出两个结构相同的词：＿＿＿
　　＿＿＿＿＿。

20　5. 选择：钱师爷"竹篮打水——一场空"想要表达的是＿＿＿＿＿。

21　　A. 比喻白费力气，没有效果

22　　B. 表达辛勤劳动，赚钱不容易

23　　C. 表现师爷对金钱的喜爱，愿意为之付出生命

24　　D. 作者忧国忧民，对下层人民充满同情

25　6. 选择：下列四句话在课文中表示金钱的有＿＿＿＿＿。

26　　A. 尘世何时能少我　　　　　　　B. 与君结交游天下

27　　C. 今日我兄来我处　　　　　　　D. 死也不肯离开你

28　7. 简答：课文是在赞扬金钱吗？贯穿全文的感情基调是积极的还是消极的？为什么？

＿＿＿＿＿＿＿＿＿＿＿＿＿＿＿＿＿＿＿＿＿＿＿＿＿＿＿＿＿＿＿＿＿＿＿＿＿＿

＿＿＿＿＿＿＿＿＿＿＿＿＿＿＿＿＿＿＿＿＿＿＿＿＿＿＿＿＿＿＿＿＿＿＿＿＿＿

29　**课后思考**

30　1. 在古今中外文学作品中，你能否想起其他爱财的人物形象？他（们）的金钱观和本文
31　　的有何异同？

1　　2. 在物质生活高度发达的现代社会,消费主义和拜金主义思潮盛行,请结合自己的生活
2　　　 经历,谈谈你对这种思潮的看法。

3　　延伸阅读

4　　《史记·货殖列传》(白话全译本)([汉]司马迁)
5　　《水手辛巴德》(阿拉伯寓言故事)
6　　《相和歌辞·贾客乐》([唐]张籍《中国历代诗歌选》)

第6课 讲故事的人（节选）

（选自莫言①《讲故事的人》）

母亲生于② 1922 年，卒③于 1994 年。她的骨灰④，埋葬⑤在村庄东边的桃园里。去年，一条铁路要从那儿穿过，我们不得不将她的坟墓⑥迁移到距离村子更远的地方。掘⑦开坟墓后，我们看到，棺⑧木已经腐朽⑨，母亲的骨殖⑩，已经与泥土混为一体。我们只好象征性⑪地挖起一些泥土，移到新的墓穴⑫里。也就是从那一时刻开始，我感到，我的母亲是大地的一部分，我站在大地上的诉说⑬，就是对母亲的诉说。

我是我母亲最小的孩子。

我记忆中最早的一件事，是提⑭着家里唯一⑮的一把⑯热水瓶⑰去公共食

---

① 莫言(Mò Yán)：原名管谟业，山东高密市人，出身于农民家庭，当代作家。1973 年进入高密县棉油厂做临时工，1976 年参加中国人民解放军，1981 年开始写作，1986 年毕业于解放军艺术学院文学系，同年加入中国作家协会。代表作有《红高粱家族》《檀香刑》《丰乳肥臀》《生死疲劳》《蛙》等。本文节选自 2012 年 12 月 8 日莫言在瑞典学院接受诺贝尔文学奖时发表的文学演讲。

② 于(yú)：介词，在，到，对，向，自。

③ 卒(zú)：死亡；另一义项指士兵。本义是古代供仆人穿的一种衣服，衣上著有标记，以区别于常人。

④ 骨灰(gǔ huī)：遗体火化后变成骨灰。

⑤ 埋葬(mái zàng)：掩埋尸体。

⑥ 坟墓(fén mù)：指埋葬死人的穴和上面的坟头。

⑦ 掘(jué)：刨(páo)，挖。

⑧ 棺(guān)：棺材，装尸体或骨灰的工具。

⑨ 腐朽(fǔ xiǔ)：原指物质长时期遭受氧化、侵蚀而导致的腐烂，后比喻人的思想和观念陈腐，生活行为堕落，制度败坏腐朽。

⑩ 骨殖(gǔ shi)：尸骨，尸体腐烂后剩下的骨头。一般焚烧只能将骨松质和肌肉等软组织烧成灰，但骨密质则成为骨殖脱胶原组织，仍是块状的骨殖。通俗地说，就是尸体火化后的余骨。殖字还有一个读音 zhí，意义是繁殖、繁育。

⑪ 象征性(xiàng zhēng xìng)：不是实质上的，表面的、符号的、形式上的。汉语中"某某性"是种常见结构。有时"性"可以删掉，尤其是"形容词＋性"修饰名词的时候，如"一般性""一次性""临时性""永久性"。但"形容词＋性"表示抽象概念时，不能删掉"性"，如"灵活性""可塑性"等。另外，"感性""理性"都已固定成词，不可更改。

⑫ 墓穴(mù xué)：埋棺材的坑穴。

⑬ 诉说(sù shuō)：告诉、陈述、倾诉。带有偏旁"讠"的字大都与说话、言语有关。

⑭ 提(tí)：悬持、拎起，垂手拿着有环、柄或绳套的东西；说起，举出。另外，还作提(dī)防、小心防备之用。

⑮ 唯一(wéi yī)：唯独，独一无二。

⑯ 把(bǎ)：量词，可以用来指称有把手、有握把的物品。

⑰ 热水瓶(rè shuǐ píng)：也叫保温瓶，把双层瓶子隔层中的空气抽掉，同时隔层里涂一层银或反射涂料，再用塞子把瓶口堵住。

1　堂①打②开③水。因为饥饿④无力，失手⑤将热水瓶打碎⑥，我吓⑦得要命⑧，钻⑨进草

2　垛⑩，一天没敢出来。傍晚的时候我听到母亲呼唤我的乳名⑪。我从草垛里钻出来，

3　以为会受到打骂⑫，但母亲没有打我也没有骂我，只是抚摸⑬着我的头，口中发出长

4　长的叹息。

5　　　我记忆中最痛苦的一件事，就是跟着母亲去集体的地里捡麦穗⑭，看守⑮麦田的

6　人来了，捡麦穗的人纷纷⑯逃跑。我母亲是小脚⑰，跑不快，被捉住。那个身材高大的

7　看守人扇⑱了她一个耳光⑲，她摇晃⑳着身体跌倒㉑在地。看守人没收㉒了我们捡到的

8　麦穗，吹着口哨㉓扬长而去。我母亲嘴角流血，坐在地上，脸上那种绝望㉔的神情㉕让

9　我终生难忘。多年之后，当那个看守麦田的人成为一个白发苍苍的老人，在集市㉖上

---

① 公共食堂(gōng gòng shí táng)：从1958年夏季开始，中国农村开展了人民公社化运动，各村生产队都成立了公共食堂，"吃饭不花钱"的宗旨得到空前发展，很多地方宣布人民公社为全民所有制，并试点"向共产主义过渡"。但这一试验型的"共产主义大锅饭"不久便结束了。

② 打(dǎ)：多数情况下为击打之意，在这里是汲(jí)取、盛(chéng)取的意思。

③ 开(kāi)：把水烧到沸腾叫作烧开，沸腾的水叫作开水。

④ 饥饿(jī è)：肚子很空，想吃东西。汉字中含有偏旁"饣"的字大都和饮食、吃饭有关。

⑤ 失手(shī shǒu)：由于手的动作不小心而使东西损坏或使人受伤害。

⑥ 碎(suì)：完整的东西破成零片、碎块；碎裂。

⑦ 吓(xià)：害怕，使其害怕。

⑧ 要命(yào mìng)：形容程度非常强、达到极点。

⑨ 钻(zuān)：穿过，进入或突出，本义是尖的物体在另一物体上转动或者穿过的意思。作为名词读zuàn，如钻头。

⑩ 垛(duò)：整齐地堆积成的堆，如麦垛、草垛。

⑪ 乳名(rǔ míng)：又称小名、奶名，是父母给孩子起的昵(nì)称，与学名不同，并不正式。

⑫ 骂(mà)：用粗野或带恶意的话侮辱人、贬(biǎn)低人；斥责。

⑬ 抚摸(fǔ mō)：用手轻轻地按着，来回移动。

⑭ 穗(suì)：禾本植物聚生在茎的顶端的花和果实；用丝线、布条或纸条等扎成的、挂起来往下垂的装饰品。

⑮ 看(kān)：守护、监视，组词如看护、看押、看门。读kàn时意思是使视线接触人或物，如看见、看清、看一看。

⑯ 纷纷(fēn fēn)：忙乱没有秩序的样子；一个接一个、接二连三地。

⑰ 小脚(xiǎo jiǎo)：小脚是中国古代汉族女性缠足的结果。北宋开始，女子的脚用长布条紧紧缠住，使脚畸形变小，以为美观。大多数妇女从四五岁起便开始裹脚，直到成年后骨骼定型了才将布带解开，也有终身缠裹者。明代的缠足之风进入兴盛时期，出现了"三寸金莲"之说。

⑱ 扇(shān)：用手抽耳光之意。

⑲ 耳光(ěr guāng)：用手掌击人面颊的动作(打脸)。

⑳ 摇晃(yáo huàng)：摇摆，晃动。可译为to sway、to shake。

㉑ 跌倒(diē dǎo)：突然意外地摔倒，摔到地上。也比喻在政治上或事业上犯错误、受挫折。

㉒ 没收(mò shōu)：把物品强行收走，是一种强制性措施。

㉓ 哨(shào)：用口吹出的高尖音，如口哨儿；也指巡逻、警戒防守的岗位，如哨兵、放哨。

㉔ 绝望(jué wàng)：没有希望，一般指对某种事物完全失去了信心。

㉕ 神情(shén qíng)：神态表情，面部显露出来的内心活动。

㉖ 集市(jí shì)：定期聚集进行的商品交易活动形式。主要指在商品经济不发达的时代和地区普遍存在的一种贸易组织形式。又称市集。到集市上买东西叫作赶集。

1　与我相逢，我冲①上去想找他报仇②，母亲拉住了我，平静地对我说："儿子，那个打我

2　的人，与这个老人，并不是一个人。"

3　　　我记得最深刻③的一件事是一个中秋节④的中午，我们家难得⑤地包了一顿⑥饺

4　子⑦，每人只有一碗。正当我们吃饺子时，一个乞⑧讨的老人来到了我们家门口。我

5　端⑨起半碗红薯干⑩打发⑪他，他却愤愤不平⑫地说："我是一个老人，你们吃饺子，却

6　让我吃红薯干，你们的心是怎么长的？"我气急败坏⑬地说："我们一年也吃不了几次

7　饺子，一人一小碗，连⑭半饱⑮都吃不了！给你红薯干就不错了，你要就要，不要就

8　滚⑯！"母亲训斥⑰了我，然后端起她那半碗饺子，倒进了老人碗里。

9　　　我最后悔的一件事，就是跟着母亲去卖白菜，有意无意⑱地多算⑲了一位买白菜

10　的老人一毛钱。算完钱我就去了学校。当我放学回家时，看到很少流泪的母亲泪流

11　满面。母亲并没有骂我，只是轻轻地说："儿子，你让娘丢了脸⑳。"

12　　　我十几岁时，母亲患㉑了严重的肺病，饥饿，病痛，劳累，使我们这个家庭陷㉒入了

13　困境，看不到光明和希望。我产生了一种强烈的不祥之兆㉓，以为母亲随时都会自己

---

① 冲(chōng)：这里是不顾其他地向前，组词如冲锋、横冲直撞。读 chòng 时意思是对着、向着、凭、根据。

② 报仇(bào chóu)：报复仇恨，可译为 to avenge。不同于"报酬"，报酬是作为报偿付给出力者的钱或实物。

③ 深刻(shēn kè)：指感受程度深、痕迹深、印象深；深入透彻；严峻苛刻。

④ 中秋节(zhōng qiū jié)：中国传统节日，时间在农历八月十五，因其恰值三秋之半，故有此名。也有些地方将中秋节定在八月十六。这一天有赏月、吃月饼的风俗。韩国、日本、越南等国也有此节，但内容不尽相同。

⑤ 难得(nán dé)：指不常见的情况，不容易。

⑥ 顿(dùn)：量词，表示次数，一次称一顿(用于指饭食)。

⑦ 饺子(jiǎo zi)：饺子是一种有馅儿的半圆形的面食，用手包馅后捏制而成。

⑧ 乞讨(qǐ tǎo)：乞求施舍或救济。作为"职业"，乞讨的人又被称为"乞丐""叫花子""要饭的"。

⑨ 端(duān)：用手很平正地拿。

⑩ 红薯干(hóng shǔ gān)：山东的传统土特产，将整块地瓜蒸熟去皮，然后切片、自然晾晒。

⑪ 打发(dǎ fā)：使离去；派去办事；从某处撵(niǎn)走；轻松随便地消磨时间。

⑫ 愤愤不平(fèn fèn bù píng)：非常气愤、生气、恼怒，心中无法平静。

⑬ 气急败坏(qì jí bài huài)：上气不接下气，十分生气、恼怒，狼狈(bèi)不堪。这里的"败坏"如果单独使用，意思是损坏、破坏，行为不符合社会准则。

⑭ 连(lián)：就是、即使、甚至于，此处是副词，如"连我都不信"。其他还有名词、动词、形容词、介词等用法。

⑮ 半饱(bàn bǎo)：没有完全吃饱。

⑯ 滚(gǔn)：让人走开、离开，含有骂人、斥责之意。本义是翻腾、翻滚。

⑰ 训斥(xùn chì)：教训、斥责，严厉地或正式地谴责，尖锐地申斥。

⑱ 有意无意(yǒu yì wú yì)：存心与不经意，文中实际指的是有意。

⑲ 算(suàn)：计数、核计。还作计划、推测等义。

⑳ 丢了脸(diū le liǎn)：失去体面、好感或荣誉。"丢脸"的同义词还有"丢人"。

㉑ 患(huàn)：本义是指担心、提心吊胆，如"患得患失"，这里是生病。

㉒ 陷(xiàn)：掉进、沉入、坠(zhuì)入、落入。另外有设计害人、攻破占领、缺点、凹进、为捕野兽挖的坑等众多义项。

㉓ 不祥之兆(bù xiáng zhī zhào)：不吉利的预兆，凶多吉少。

1　寻短见①。每当我劳动归来，一进大门就高喊母亲，听到她的回应②，心中才感到一块

2　石头落了地③。如果一时听不到她的回应，我就心惊胆战④，跑到厨房⑤和磨坊⑥里寻

3　找。有一次找遍了所有的房间也没有见到母亲的身影，我便坐在了院子里大哭。这

4　时母亲背着一捆⑦柴草⑧从外面走进来。她对我的哭很不满，但我又不能对她说出

5　我的担忧。母亲看到我的心思，她说："孩子你放心，尽管⑨我活着没有一点乐趣，但

6　只要阎王爷⑩不叫我，我是不会去的。"

莫言旧居

7　　　我生来相貌⑪丑陋⑫，村子里很多人当面嘲笑⑬我，学校里有几个性格霸蛮⑭的同

8　学甚至为此打我。我回家痛哭，母亲对我说："儿子，你不丑，你不缺鼻子不缺眼，四

9　肢健全⑮，丑在哪里？而且只要你心存⑯善良，多做好事，即便是丑也能变美。"后来我

---

① 寻短见(xún duǎn jiàn)：因想不开而想要自杀，是自杀的俗称。

② 回应(huí yìng)：响应、回话、回答、应和。

③ 一块石头落了地(yī kuài shí tou luò le dì)：比喻放下了心。这句成语出自清代曹雪芹《红楼梦》的第十九回。

④ 心惊胆战(xīn jīng dǎn zhàn)：形容非常害怕、极度惊恐。"战"通"颤"，发抖。

⑤ 厨房(chú fáng)：做饭食的屋子。英文是kitchen。

⑥ 磨坊(mò fáng)：磨面粉等的作坊。安装有能将谷物磨成面粉的机器的厂房。

⑦ 捆(kǔn)：动词，把散的东西用绳扎起来；量词，指捆在一起的东西。

⑧ 柴草(chái cǎo)：做燃料用的草、木等。也指庄稼的茎、叶等。中国人常说"开门七件事，柴米油盐酱醋茶"，首位的就是柴草。

⑨ 尽管(jǐn guǎn)：虽然，表示让步语气，姑且承认某种事实，下文往往转折。也表示不必考虑别的，放心去做，相当于只管。

⑩ 阎王爷(Yánwangyé)：地狱中的最高长官，掌管人的生死。

⑪ 相貌(xiàng mào)：外表、样子、长相、面容。

⑫ 丑陋(chǒu lòu)：不美丽、不好看。多指外表、长相，也可指内心、行为丑恶。

⑬ 嘲笑(cháo xiào)：讽刺、挖苦、讥讽别人。

⑭ 霸蛮(bà mán)：霸，霸道。蛮，蛮横。霸蛮的基本意思是蛮不讲理、做法恶劣。

⑮ 四肢健全(sì zhī jiàn quán)：手脚齐备，指没有瘫痪(tān huàn)或失去肢体等。

⑯ 存(cún)：保留，留下，保存，存留。

1 进入城市，有一些很有文化的人依然①在背后②甚至当面③嘲弄我的相貌，我想起了
2 母亲的话，便心平气和地向他们道歉。

3   我母亲不识字，但对识字的人十分敬重。我们家生活困难，经常吃了上顿没下
4 顿。但只要我对她提出买书买文具④的要求，她总是会满足我。她是个勤劳的人，讨
5 厌⑤懒惰⑥的孩子，但只要是我因为看书耽误⑦了干活，她从来没批评过我。

6 **编者按语**

7   2012年12月10日，莫言在瑞典接受诺贝尔奖时说过一段话："文学和科学相比较，
8 的确是没什么用处，但是文学最大的用处，也许就是它没有用处。"教育也如此，所谓的
9 分数、学历，甚至知识都不是教育本质。德国著名哲学家卡尔·西奥多·雅斯贝尔斯
10 （Karl Theodor Jaspers）在《什么是教育》中提到，教育的本质是一棵树摇动另一棵树，一
11 朵云推动另一朵云，一个灵魂唤醒另一个灵魂。

12   莫言获得诺贝尔文学奖，也因其作品中对民族灵魂觉醒的呼唤。

13   2011年莫言凭借小说《蛙》荣获茅盾文学奖。2012年获得诺贝尔文学奖，获奖词是
14 "通过幻觉现实主义将民间故事、历史与当代社会融合在一起"。

15   莫言自1981年登上文坛，先后发表了一系列乡土文学作品，被归为"文革"后的"寻
16 根文学"作家。到1985年，莫言开始通过对自己故乡"山东高密东北乡"的历史、社会、
17 生活的描绘，向世界传达出某种带有普遍性的人性内容和人类生存状况。

18   莫言的创作受到西方现代主义文学影响很深，包括意识流、魔幻现实主义、荒诞派、
19 结构主义、象征主义等。其中，威廉·福克纳（William Faulkner）和加夫列尔·加西
20 亚·马尔克斯（Gabriel García Márquez）是莫言最为推崇的两位作家。除了受西方文学
21 的影响，莫言也主动从中国传统文学及民俗文化资源中获取灵感。比如在其作品中，读
22 者能经常读到各种鸟仙狐怪的桥段，这也带给读者丰富的想象。

23   在语言方面，莫言善于融汇各种语言风格特征，其作品既有对赤裸裸的暴力美学和
24 情色元素的描写，又有雅致优美的词句，也有散发浓重乡土气息的民谚俗语。

25   然而长期以来，当代文学评论家对莫言作品的评价褒贬不一。不过，如果剥去暴力
26 和不雅的部分，我们仍可以揭示深藏在莫言作品中的，对人类社会的不公的控诉，对人
27 类前途命运的隐忧。所以，读懂莫言的作品，一定要透过表层的语言和结构，思索深层
28 的历史和社会、人生和人性的问题。

---

① 依然（yī rán）：还是。常作为副词，指照往常、依旧的意思。
② 背后（bèi hòu）：指暗地里，在别人不知道的时候，往往指不光彩的事情。
③ 当面（dāng miàn）：在面前，当某人在场时。
④ 文具（wén jù）：指纸笔等用于书写和学习的物品。
⑤ 讨厌（tǎo yàn）：不喜欢；令人烦恼，惹人心烦。
⑥ 懒惰（lǎn duò）：不喜欢费体力或脑力，偷懒，不勤快。懒惰是一种心理上的厌倦情绪，所以有"忄"。
⑦ 耽误（dān wù）：由于某种原因而延迟或未能赶上，未能做好或未能完成。近义词有"耽搁（ge）"。

1 ┌─ 重点词汇 ─┐

2 　　大地　入土为安　象征性　诉说

3 　　腐朽　困境

4 　　公共食堂　集体　麦穗

5 　　失手

6 ┌─ 语法偏误 ─┐

7 　　汉语中的量词是汉语的一大特征。一般而言，许多语言中可数名词无量词搭配，不

8 可数名词则需要与作为度量单位的量词搭配(例如：一克盐、两张纸)。度量词有表长度

9 的寸、厘米，表重量的斤、两，表面积的亩，等等。然而现代汉语中，可数名词也是需要量

10 词搭配的。不仅如此，汉语量词丰富且分类复杂，不仅有表示事物数量单位的"名量

11 词"，还有表示动作或变化次数的单位的"动量词"。

12 　　名量词包括专用量词和借用量词。专用量词又可分作个体量词、集合量词、度量

13 词、不定量词、准量词、复合量词等。借用量词指的是一些名词(多为表示容器的)临时

14 用作量词的情况。例如：一桌子(的)菜、一肚子(的)坏主意。

15 　　动量词包括专用动量词和借用动量词。

16 　　专用动量词主要有次、下、回、顿、阵、场、趟、遍、番等。

17 　　借用动量词指的是表示动作行为所凭借的工具。此外，表人体的四肢器官的名词

18 也可以借用为动量词。例如：砍了一斧子、瞅了一眼。

19 　　动量词作定语时有一种情况，是在"一……也/都 + 不/没……"这种话题对比焦点

20 的句子里。例如：我们一次饺子也没吃过。

21 　　汉语的个体量词有一百多个，常用的如本篇课文中的条、个、把、件、块、位……许多

22 个体量词与相应的名词在意义上有某种联系，比如"枚""粒"用于小而圆的物体。不定

23 量词即数量不确定，有两个：些、点儿。其前面只能用数词"一"或指示代词"这、那、这

24 么、那么"。准量词主要有"年、星期、天、小时、分(钟)、秒""国、省、市、县"等，这些名词

25 的语法功能基本与量词相同。

26 　　此外，还需注意量词与数量短语的重叠。如"一个个、一对对、一辆辆、一块块、一座

27 座、一层层"等。

28 ┌─ 课堂练习 ─┐

29 1. 判断：当人们说"你们的心是怎么长的"时，心情是愉悦的。(　　　)

30 2. 填空：写出"当面"的反义词：_____。写出"丢脸"的近义词：_____。

31 3. 填空：作者讲述的这些故事，反映出农村生活的_____。

32 4. 选择：下列选项中出现的字，不存在多音的是_____。

33 　　A. 看守　　　　　B. 冲上去　　　　C. 一块石头落了地　　　　D. 陷入

1　5. 请找出文中表现乡愁情怀的语句。

2　6. 简答：课文中，作者碰到当年打母亲的人，想报仇时，母亲为什么拉住了他，并平静地

3　　　说"儿子，那个打我的人，与这个老人，并不是一个人"？

_____

_____

_____

4　**课后思考**

5　1. "一条铁路要从那儿穿过"。铁路建设对中华民族意义重大，请谈谈你对这一问题的

6　　　理解。

7　2. 贫富与个人德行、社会风气关系密切。谈谈你对下列古人观点的看法：

8　　(1)《老子》第三章云："不贵难得之货，使民不为盗。"第十二章曰："难得之货，令人

9　　　　行妨。"

10　　(2)《管子·牧民》言："仓廪实则知礼节，衣食足则知荣辱。"

11　　(3) 明代贾仲名《对玉梳》第三折："[正旦唱]这厮只因饱暖生淫欲……[正旦唱]便休

12　　　　想似水如鱼。"

13　　(4) 明代程允升《幼学琼林》道："命之修短有数，人之富贵在天。"

14　**延伸阅读**

15　　《蛙》(莫言)

16　　《乡土中国》(费孝通)

第三章

军事：用兵之道

【导读】

中国是战争频繁之国。根据《中国历代战争年表》统计，从公元前26世纪（传说时代）到公元1911年（清末），发生在中华大地上的战争有3791次之多，这还不包括历史上未记载的统治阶级内部及诸侯之间攻城略地的战争。战争的频率通常和时局的动荡成正比，外族入侵的北宋、南宋时期有500余次战争，起义纷繁的明代、清代加起来更是接近1000次。中国近代的战争也有数百次之多。

纷繁的战事也孕育出中国独特的战争文化。古代中国的战略家与军事家编著的兵法，不仅是兵家良策，更是闪烁着哲学光辉的人生警言。师出有名、不乘人之危、两军交战不斩来使等，都是战争中的特殊礼仪。而且军事题材也常常出现在文学作品中，高适、王昌龄、王之涣等都是著名的以边疆生活为创作题材的边塞诗人，诗圣杜甫也曾写下"剑外忽传收蓟北，初闻涕泪满衣裳。却看妻子愁何在，漫卷诗书喜欲狂"这样的诗句。

本章第7课《兵者，国之大事》，以历代各军事家、文学家的观点佐证了孙武在《孙子兵法》中的论述。第8课《战邯郸》取材于著名的历史事件"围魏救赵"与"邯郸之战"，都是巧妙运用战术出奇制胜的例子，并且涉及孙膑、庞涓、毛遂、平原君等诸多重要历史人物。第9课《军旅题材诗词二首》从唐代王维的边塞诗《使至塞上》，到近现代革命家、政治家、军事家毛泽东的《沁园春·雪》，抚今追昔，气吞山河，气势磅礴（páng bó），激荡人心。

【关键词】

虚实　文治武功　民心向背

第 7 课　兵者，国之大事

（选自《孙子兵法》①）

（一）兵②者，国之大事，死生之地，存亡之道，不可不察③也。（《孙子兵法·始计篇》）

《春秋左氏传》④云："国之大事，在祀⑤与戎⑥。"唐代军事理论家李筌（quán）说："战争就是灾难⑦，生死存亡与之密不可分，所以必须慎重⑧。"唐朝诗人杜牧说："国家的存亡，人的死生，都与战争有关，所以必须审慎明察⑨。"唐代贾林注解⑩说："'地'是处所，也可以说是排兵布阵⑪、击鼓进攻的地方。占有优势⑫就能存活，失去优势则必死无疑⑬，所以说'死生之地'。'道'就是审时度势⑭、占据先机⑮、取得胜利的法则。

---

① 孙子兵法（sūn zǐ bīng fǎ）：作者为春秋时期吴国将军孙武。孙武（公元前535—公元前480年），字长卿，被后世尊为孙子、"兵圣""世界兵学鼻祖"。曾率领吴国军队大破楚国军队，占领了楚国国都郢城。该书又称《孙武兵法》《吴孙子兵法》《孙子兵书》《孙武兵书》等，书名可英译为"The Art of War"。它与克劳塞维茨的《战争论》和宫本武藏的《五轮书》，合称"世界三大兵书"。据《汉书·艺文志》记载，《吴孙子兵法》共八十二篇（可能包括孙武后学弟子们写作的内容，也可能有很多篇已佚失），但司马迁《史记》亦有记载，孙武将兵法献给吴王阖闾（hé lú），阖闾曰："子之十三篇，吾尽观之矣，可以小试勒兵乎？"

② 兵（bīng）：本义为兵器，后引申为兵士、军队、战争、军事。"兵"的最早字形像双手举着斧子。

③ 察（chá）：明辨，详审，仔细看，调查研究，细致深刻地看。

④ 春秋左氏传（chūn qiū zuǒ shì zhuàn）：《左传》全称《春秋左氏传》，儒家"十三经"之一。《左传》是中国第一部叙事详细的编年史著作，相传是春秋末年鲁国史官左丘明根据鲁国国史《春秋》编成，时间范围自鲁隐公元年（公元前722年）至鲁哀公二十七年（公元前468年），主要记载了东周前期二百五十四年间各国政治、经济、军事、外交和文化方面的重要事件和重要人物，是研究中国先秦历史很有价值的文献，也是优秀的散文著作。

⑤ 祀（sì）：祭祀，祀神供祖，陈设供品向祖先或神佛等致礼，表示尊崇并祈（qí）求护佑。

⑥ 戎（róng）：战争；征伐。

⑦ 灾难（zāi nàn）：灾祸，灾祸造成的苦难。

⑧ 慎重（shèn zhòng）：谨（jǐn）慎，持重，认真。

⑨ 审慎明察（shěn shèn míng chá）：审慎，谨慎、慎重、周密。明察，观察入微，不受蒙蔽。审慎明察指的是小心仔细地探查真相。

⑩ 注解（zhù jiě）：用文字来解释字句。也泛指解释及解释字句的文字。

⑪ 排兵布阵（pái bīng bù zhèn）：安排士兵，布置阵形，指做好作战的准备。

⑫ 优势（yōu shì）：比对方有利的形势，也指环境或在某些方面超过同类的形势。

⑬ 无疑（wú yí）：必定，一定，没有疑虑。

⑭ 审时度势（shěn shí duó shì）：分析时势，估计其发展趋向。审，仔细研究。时，时局。度，估计。势，发展趋势。

⑮ 占据先机（zhàn jù xiān jī）：占据，取得或保持（地域、场所等）。先机，关键的时机，决定未来形势的时机。"占据先机"指先占有利的时机。

掌握它就能生存，失去则失败，所以说不能不明察。"《尚书》有言："对于仁道的政权①，我们应辅佐②它、支持它；相反，不行仁道的，我们就应推翻它。"北宋梅尧臣说："地形有死生的形势，战争有存亡的法则。"北宋王皙(xī)说："兴兵作战，死生存亡就会命悬一线③。"南宋张预说："国家的安危④在于战争，所以讲武练兵，是必须首先做好的。"

（二）故兵贵胜，不贵久。（《孙子兵法·作战篇》）

东汉末年的曹操说："战事越⑤久越不利。战争就像火一样，不留神⑥就会引火烧身⑦、惹祸⑧上身。"南朝梁代孟氏说："战争贵⑨在迅速⑩取胜，并赶快返回。"南唐何延锡说："孙武前前后后都在说战争时间长短，可想而知战争并非儿戏⑪，武力不可亵渎⑫。"梅尧臣说："速度快，则可以节省⑬财力物力，让百姓尽快恢复⑭生产生活。"张预云："战事耗时⑮太久，则军心涣散⑯，财力匮乏⑰，并且容易发生变故⑱。"

---

① 政权(zhèng quán)：政治上的统治权力，行使国家统治权力的机关。
② 辅佐(fǔ zuǒ)：协助(多指政治上)。
③ 命悬一线(mìng xuán yī xiàn)：直译为性命悬在一根细线上，比喻处境危险，随时可能丧失生命。
④ 安危(ān wēi)：平安与危险。这是偏义复词，由相反意思的两个字组成的一个词语，主要侧重表达词语中的一部分，如好歹、动静、舍得等。
⑤ 越(yuè)：表示程度加深，大多数情况下可替换为"愈"(yù)。
⑥ 留神(liú shén)：小心，集中精神注意，对某事保持警惕(tì)。
⑦ 引火烧身(yǐn huǒ shāo shēn)：比喻自取毁灭，自讨苦吃。近义词有自取灭亡、自取毁灭、自掘坟墓、玩火自焚、惹火烧身、自作自受。
⑧ 惹祸(rě huò)：招来麻烦，招致祸患，闯祸。
⑨ 贵(guì)：崇尚，重视，值得看重。
⑩ 迅速(xùn sù)：速度快，很快，短时间。偏旁"辶"的字多与行走、行动意思有关。
⑪ 儿戏(ér xì)：儿童游戏，比喻处事轻率(shuài)，不严肃。
⑫ 亵渎(xiè dú)：轻慢，冒犯，不恭敬。
⑬ 节省(jié shěng)：节约，节俭，把可以不耗费的减省下来。
⑭ 恢复(huī fù)：失而复得，变成原来的样子。也指疾病之后康复。
⑮ 耗时(hào shí)：花时间，经过时间。"耗"的意思主要有减损、消耗、消磨、拖延、坏的音信或消息，如"消耗""耗费""噩耗"。
⑯ 军心涣散(jūn xīn huàn sàn)：军队的人员无心恋战，没有积极奋战的心态了，不想战斗了。"涣散"主要指精神、组织、纪律等散漫、松懈。
⑰ 匮乏(kuì fá)：缺乏，贫乏，多用以指物资。
⑱ 变故(biàn gù)：意外发生的变化或事故。

1　　（三）百战百胜,非善之善者也。不战①而屈②人之兵,善③之善者也。(《孙
2　子兵法·谋攻篇》)

3　　曹操云:"还未开战敌人已经自己屈服④了,就是'不战而屈人之兵'。"杜牧认为
4　可以用计谋⑤战胜敌人,让敌人自觉投降⑥。唐代陈皞(hào)说:"战争就意味着必定
5　会杀人,所以说百战百胜并不是最好的。"梅尧臣曰:"正因厌恶杀伤残害,所以说并
6　不是最好的。"王哲则说:"战争的真正要义⑦是比计谋,而绝非真的动刀动枪。"张预
7　曰:"赏罚⑧明确,号令⑨威严,修整兵器,训练士兵,将优势完全展现,让敌方一看就害
8　怕、就屈服,这才是最好的。"

9　　（四）知己知彼,百战不殆⑩。(《孙子兵法·谋攻篇》)

10　　李筌说:"量力而行⑪,基于⑫自己的实际情况和敌方对抗,有何危险?"杜牧
11　说:"用我军的制度、将领、兵士、粮草、地势来衡量⑬对方的这五个方面,总结优
12　势劣势⑭、长处弊端⑮,事先做好筹划⑯,然后再发起进攻,那么必定会百战百胜
13　了。"孟氏说:"仔细分析敌我双方的强弱、优劣,即使有再多的战争,也必不会有
14　危险发生。"

---

① 不战(bù zhàn):没有作战、作战之前。
② 屈(qū):短缺、不足,文中是使对方屈服的意思。
③ 善(shàn):高明。《孙子兵法·谋攻篇》说:战争的原则是使敌人举国降服为上策,用武力击破敌国就次一等。上
　　等的军事行动是用谋略挫败敌方的战略意图或战争行为,其次就是用外交战胜敌人,再次是用武力击败敌军,最
　　下之策是攻打敌人的城池。所以,百战百胜虽然高明,但不是最高明的。在攻城之前,先让敌人的军事能力(包括
　　指挥能力和作战能力)严重短缺,根本无力抵抗,才是高明之中最高明的。
④ 屈服(qū fú):降服,折服,妥协,服从。
⑤ 计谋(jì móu):计策,谋略,策略。
⑥ 自觉投降(zì jué tóu xiáng):未被强迫而自发地停止抵抗,向对方屈服。
⑦ 要义(yào yì):实质性的要旨、要点,一件事情的重点,重要的内容、道理或意义。
⑧ 赏罚(shǎng fá):奖赏和惩罚。常见于成语"赏罚分明"中,意思是指该赏的赏,该罚的罚,形容处理事情清楚明
　　白。
⑨ 号令(hào lìng):用作名词时意思是发布的号召或命令,用作动词时意思是发布命令。
⑩ 殆(dài):危亡,危险。今天常见用法是作副词,表推测,相当于"大概""几乎"。
⑪ 量力而行(liàng lì ér xíng):估计自己能力的大小去做事,不要勉强。
⑫ 基于(jī yú):由于,根据,在……的基础上。
⑬ 衡量(héng liáng):比较,评定;考虑,斟酌。
⑭ 劣势(liè shì):情况、力量或态势上处于比较差的、不利的地位。
⑮ 弊端(bì duān):弊病,不好的地方。近义词有缺陷、瑕疵等。
⑯ 筹划(chóu huà):想办法,谋划,计划。"筹"本是古代的一种计算用具。

1　　（五）故兵无常势①，水无常形。能因敌变化而取胜者，谓之神。（《孙子兵
2　法·虚实篇》）

3　　曹操曰："形势达到极盛②则必定会衰败③，而军队阵形暴露④则必定失败，所以
4　说能根据敌军的具体情况而及时做出调整变化，取得胜利有如神灵⑤相助。"孟氏说：
5　"战事变化多端，地形有方有圆。"李筌云："明了这个道理的，可以称得上是神兵了。"
6　杜牧说："战争局势，通过敌军才可看出，并非只是我军单⑥方面的因素，所以说没有
7　固定的态势⑦。就像水的形状是通过地的衬托⑧显现出来的，形状本来不在水，所以
8　说没有固定的形状。"梅尧臣说："根据地形的实际情况排兵布阵。"张预说："地形有
9　高低上下，所以没有固定的形状。"

10　　（六）投之亡地⑨然后存，陷之死地然后生。（《孙子兵法·九地篇》）

11　　《孙膑兵法》有言："作战切忌⑩不把自己看作处⑪于灭亡的局面。"曹操云："应
12　拼⑫尽全力作战，处于灭亡境地⑬的军队必定会胜利。"李筌说："军队处于生死存亡的
13　关头，必定会拼命战斗以求得生存。"宋代何延锡说："秦朝末年西汉初年的军事家韩
14　信⑭，有一次将军队背靠水边驻扎⑮，作战时，韩信的士兵没有后退的路，要么被水淹
15　死，要么被敌人杀死，所以只有一条出路——拼死作战，并最终战胜了对方。"

---

① 兵无常势(bīng wú cháng shì)：亦作"兵无常形"，用兵作战没有固定不变的方式，指应当根据敌情，采取灵活的对策而取胜。常，不变。势，形势。《孙子兵法·虚实篇》说：用兵作战就像流水，水总是避开高处而向低处流下，用兵也应该避开敌人坚实之处而攻击其虚弱的地方。作战没有固定不变的方式方法，就像水流没有固定的形态一样。能依据敌情变化而取胜的，就称得上用兵如神了。三国魏曹操注："兵无常形，以诡诈为道。"
② 极盛(jí shèng)：高到极点，非常盛大。
③ 衰败(shuāi bài)：衰落，衰弱，衰退，败坏，败落。
④ 暴露(bào lù)：露在外面，无所遮蔽。"露"在口语中也读"lòu"，如"露马脚"。
⑤ 神灵(shén líng)：神的泛称，宗教中天地上下各种神的笼统说法。
⑥ 单(dān)：单独，单一，一个。另有 shàn、chán 等不同的音义。
⑦ 态势(tài shì)：状态和形势，局面，情况，境地。
⑧ 衬托(chèn tuō)：为了突出主要事物或原事物，用另一(些)类似的或反面的、有差别的事物放在一起，陪衬或对照。
⑨ 投之亡地(tóu zhī wáng dì)：置身于绝境。"亡地"即没有出路的困境。
⑩ 切忌(qiè jì)：务必避免，禁忌，千万不要。
⑪ 处(chǔ)：位于，在。作名词时表示地方、机关部门等，读 chù。
⑫ 拼(pīn)：不顾一切地奋斗，豁(huō)出性命去。
⑬ 境地(jìng dì)：所处的环境、状况、情况、态势。
⑭ 韩信(Hán Xìn)：生于公元前约231年，卒于前196年，汉族，淮阴(今江苏省淮安市)人，西汉开国功臣。中国历史上杰出的军事家，与萧何、张良并列为"汉初三杰"，与彭越、英布并称为"汉初三大名将"。
⑮ 驻扎(zhù zhā)：军队在某地安营扎寨，驻留扎营。可译为 be quartered、be stationed。

1 编者按语

2　　《孙子兵法》内容博大精深，思想精邃①富赡②，逻辑缜（zhěn）密严谨，在中国古代军
3　事学术和战争实践中都起过极其重要的指导作用。全书十三篇包括"始计篇""作战篇"
4　"谋攻篇""军形篇""兵势篇""虚实篇""军争篇""九变篇""行军篇""地形篇""九地篇"
5　"火攻篇""用间篇"。

6　　《孙子兵
7　法》的核心在于挑战规则，
8　唯一的规则反而是没有规则。《孙子兵
9　法》虽然是谋略，但这谋略不是小花招，
　　而是大战略、大智慧。

银雀山汉墓竹简《孙子兵法》

10　　不仅如此，《孙子兵法》的谋略还阐
11　发了一些伦理道德规范，尤其是"仁"与
12　"礼"。孙武生活的齐文化环境，具有明
13　显的尚武精神传统。《孙子兵法》中关于
14　将领的五德——"智、信、仁、勇、严"，
15　"仁"明显具有重要地位。孙武将"仁"运用于对士卒的管理和教育，"视卒如婴儿""视卒
16　如爱子"，即体现了"仁"的思想。当然，这里的"仁"还有更高的原则，即要符合战胜敌
17　人、维护国家利益的要求。

18　　《孙子兵法》并不仅是一部军事著作，它更是中华文化中的重要遗产，被誉为华夏智
19　慧与朴素思想的象征，代表着中华民族的智慧、思想、文化，堪称几千年华夏文明的
20　结晶。

21　　《孙子兵法》中饱含丰富的辩证法思想，书中所探讨的与战争有关的一系列矛盾的
22　对立和转化，如敌我、主客、众寡、强弱、攻守、胜败、利害等，在中国辩证思维发展史中占
23　有重要地位。

24　　因此它还被广泛运用于政治斗争、商业竞争等社会生活的各方各面。近年来，《孙
25　子兵法》与"成功学""营销学"等紧密结合，又兴起了一股热潮。

26　　全世界有数千种关于《孙子兵法》的刊印本。不少国家的军校或经管类院系已把
27　《孙子兵法》列为教材（它是美国西点军校和哈佛商学院高级管理人才培训必读教材）。

28 重点词汇

29　　兴兵　动刀动枪

30　　速战速决　生死存亡

31　　战事　军心　优劣

---

① 精邃（jīng suì）：精妙深邃。
② 富赡（fù shàn）：学识高超。

1　　　谋略　计策　筹划　排兵布阵

2　**语法偏误**

3　　　一般地,汉语中一个句子能够成立,必定少不了动词。动词是表示动作、行为、心理

4　活动或存在、变化、消失等的一类词,主要有动作行为动词(走、听、看等)、心理活动动词

5　(爱、怕、恨等)、判断动词(是)、能愿动词(愿意、能、可以等)、趋向动词(来、去、上、下

6　等)、形式动词(进行、予以、加以等);还有表示存在、变化、消失的动词(在、存在、有、发

7　生等)。然而汉语动词本身具有意义和结构的复杂性,使得留学生掌握不好某些特殊的

8　动词知识及构词规则。同时,留学生又因常把母语中的词汇或语法规则套用到汉语上,

9　而造成负迁移偏误。

10　　　留学生动词偏误的类型主要有语序错位、缺失、赘(zhuì)余和误用。

11　　　1. 语序错位。

12　　　(1) 动宾(动词＋宾语)错序。

13　　　例句:杜牧认为可以用计谋敌人战胜。

14　　　"敌人"是"战胜"的宾语,只能放在后面。

15　　　(2) 连谓(两个以上的动词)错序。

16　　　例句:我去决定参军。

17　　　"去参军"这个动词词组应该做"决定"的宾语。

18　　　(3) 状中(状语＋中心语)错序。

19　　　例句:让敌人投降自觉。

20　　　"自觉"应放在"投降"前作状语。

21　　　2. 缺失。

22　　　例句:战争的真正要义比计谋。

23　　　本例句缺失动词"是"。

24　　　3. 赘(zhuì)余。

25　　　例句:战争是有存亡的法则。

26　　　系动词"是"赘余,常见于母语为英语的留学生。

27　　　例句:要么有被水淹死,要么有被敌人杀死。

28　　　"有"和后面的动词短语语义重复。

29　　　4. 误用。

30　　　误用的类别也有很多。比如及物动词与不及物动词的误用。

31　　　例句:我军作战敌人。

32　　　"作战"是不及物动词,不能加宾语。

33　**课堂练习**

34　1. 判断:孙武认为,不战而屈人之兵不比百战百胜更高明。(　　　)

1　2. 填空："置之死地而后生"的"之"的词性和意思是＿＿＿＿＿＿＿＿。

2　3. 选择：关于《孙子兵法》的说法正确的是＿＿＿＿。

3　　A. 其作者是孙膑，也就是孙子

4　　B.《孙膑兵法》简称《孙子兵法》

5　　C. "子"是敬称

6　　D.《孙子兵法》后来常被称作"三十六计"

7　4. 选择：下列是与"兵无常势，水无常形"意义相近的词，其中不是贬义的有＿＿＿＿。

8　　A. 因势利导　　　　　　　　B. 因地制宜(yí)

9　　C. 顺水推舟　　　　　　　　D. 随声附和(hè)

10　5. 选择："知己知彼，百战不殆"的意思是＿＿＿＿。

11　　A. 了解彼此，作战一百次，也不会被消灭

12　　B. 知道你我，打一百次仗，也不会有麻烦

13　　C. 分析敌我，开一百次战，也不会有问题

14　　D. 洞悉双方，即使战争再多，也不会有危险

15　6. 选择：下列说法最得"不战而屈人之兵"神韵的是＿＿＿＿。

16　　A. 战事越久越不利，战争就像火一样，不留神就会引火烧身

17　　B. 仔细分析敌我双方的强弱、优劣，即使再多的战争，也必不会有危险发生

18　　C. 正因厌恶杀伤残害，所以说战争并不是最好的

19　　D. 军队处于生死存亡的关头，必定会拼命战斗以求得生存

20　7. 简答：为什么"百战百胜，非善之善者也"？

_____

_____

_____

21　**课后思考**

22　1. 从文中古人的军事理论和军事思想中任选一条谈谈你的看法。

23　2.《左传》曰："国之大事，在祀与戎。"这句话常常被今人引述。请谈谈你对这句话背后

24　　隐含的文化内涵的理解。

25　**延伸阅读**

26　　《华杉讲透孙子兵法》(华杉)

27　　《宋本十一家注孙子》(上海古籍出版社)

28　　《兵以诈立——我读〈孙子〉》(李零)

第 8 课　战邯郸

一、邯郸①之难②（围魏救赵③）

（根据《战国策·齐策》④改编）

　　公元前 354 年，赵国的都城⑤邯郸被魏国包围。于是赵国向齐国求救。相国⑥邹忌对齐威王⑦（田侯）说最好不要救。段干纶（lún）反驳说："魏国若攻占了邯郸，对齐国而言，有什么好处呢？"言下之意⑧，魏国打败赵国，势力壮大⑨，未来对齐国会构成威胁⑩。

　　于是齐国出兵救赵。齐国最初的策略⑪是驻军⑫于邯郸郊外⑬。但段干纶又建议："赵、魏两国肯定会休战⑭，如此一来，赵国虽不会被打败，但魏国的实力也没受到削弱⑮。因此，不如出兵南下，进攻魏国的襄陵⑯，迫使魏军南北都疲于奔命⑰。假使⑱

---

① 邯郸（hán dān）：位于河北省南端，晋冀鲁豫四省交界处。

② 难（nàn）：指艰难的处境、灾难、困苦。

③ 围魏救赵（wéi wèi jiù zhào）：这是兵法"三十六计"的第二计。说的是正面攻打强大集中的敌人，不如退到敌人虚弱的后方，然后在敌人的精锐部队攻打别的国家且两军相持不下时，趁机攻占敌方本土，迫使敌人退兵或分兵，最后寻找机会，消灭敌人。"三十六计"一语始见于南朝宋，到明末清初，引用此语的人逐渐增多，于是有人采集群书，编成《三十六计》。

④ 《战国策·齐策》（zhàn guó cè · qí cè）：《战国策》是中国古代国别体史书，是关于战国时期游说（shuì）之士的著作。主要记载战国时期谋臣策士纵横捭阖（bǎi hé）的斗争。全书按东周、西周、秦国、齐国、楚国、赵国、魏国、韩国、燕国、宋国、卫国、中山国（共 12 策）依次分国编写，西汉末刘向编定为 33 篇，书名亦为刘向所拟定。全书约 12 万字。所记载的历史上起战国初年，下至秦灭六国。

⑤ 都城（dū chéng）：古代都城指国家（包括诸侯国）的首都及较大的城市。

⑥ 相国（xiàng guó）：春秋战国（除楚国外）至汉代，诸侯国设相，称为相国、相邦或丞相，职位最高，为百官之长。

⑦ 齐威王（Qí Wēiwáng）：生于公元前 378 年，卒于公元前 320 年，战国时期齐国国君。妫（guī）姓，田氏，名因齐，齐桓公田午之子。在位 36 年，以善于纳谏、任用贤才、励精图治而名著史册。

⑧ 言下之意（yán xià zhī yì）：言外之意，话语表面的意思之外，隐含的、深层的或实际要表达的意思。

⑨ 壮大（zhuàng dà）：变得强大。

⑩ 威胁（wēi xié）：威逼胁迫，用威力使人服从。

⑪ 策略（cè lüè）：谋略，计谋，达到某个目的的方法。

⑫ 驻军（zhù jūn）：驻扎军队。

⑬ 郊外（jiāo wài）：城市外面且靠近城市边缘的区域（又作郊区），这里泛指城外。

⑭ 休战（xiū zhàn）：暂时停止战争。类似的还有"休会""休庭"。

⑮ 削弱（xuē ruò）：力量、势力减弱；使变弱。"削"读音为 xiāo 时，意思是用刀斜着去掉物体的表层。

⑯ 襄陵（xiāng líng）：在今山西襄汾县襄陵镇，春秋晋国国君晋襄公的陵墓在此，故名襄陵。

⑰ 疲于奔命（pí yú bēn mìng）：因受命奔走，感到很累。后也指忙于奔走应付，非常疲乏。

⑱ 假使（jiǎ shǐ）：假设、如果、倘若。

1　不幸邯郸被魏军攻克①，那么我军也还可以趁魏军疲惫②之际③去攻击魏军。这样，

2　赵军虽被打败，但魏军又被我军乘机④攻击而削弱。"齐威王大为赞赏。

战国末年示意图

3　　　于是，齐国出兵南下，进攻襄陵。七月份，邯郸被魏军攻克，齐军则大败魏军于

4　桂陵。这也就是后来《三十六计》中赫赫有名⑤的"围魏救赵"的原型⑥。

5　　　然而《战国策》中的情节则稍⑦有不同。

6　　　公元前354年，赵国进攻原本附属于魏国的卫国。不仅如此，赵国还得到了原

7　本臣服⑧于魏国的中山国。魏惠王恼羞成怒⑨，便派大将庞涓⑩前去攻打。

---

① 克(kè)：这里是战胜、攻下的意思。它还有能够的意思。另外，它也是重量单位。

② 疲惫(pí bèi)：疲累，困乏，身体劳累的感觉。

③ 际(jì)：时候，时刻。

④ 乘机(chéng jī)：趁(chèn)机，利用机会。与乘坐飞机的意思不同。

⑤ 赫赫有名(hè hè yǒu míng)：形容声名非常显赫。"赫赫"是显著盛大的样子。

⑥ 原型(yuán xíng)：原始的模型，特指文学艺术作品中塑造的人物形象或事件等所依据的现实生活中的相关对象。

⑦ 稍(shāo)：本义为禾苗的末端，引申为逐渐、略微、稍微(副词)。读去声时，在词语"稍息"中表示军事或体操的口令。

⑧ 臣服(chén fú)：屈服称臣，接受统治。

⑨ 恼羞成怒(nǎo xiū chéng nù)：又恼又羞而大发脾气，往往是因自己一些难于启齿的事情被人戳穿。

⑩ 庞涓(Páng Juān)：战国初期魏国名将。相传与孙膑同拜于隐士鬼谷子门下，因嫉妒孙膑的才能，因而设计(设计有两种意思，一是谋划计策，二是规划、计划、绘出图样，即design)把他的膝盖骨挖去。魏惠王二十八年(公元前342年)，魏国进攻韩国，第二年齐国救援韩国，采用孙膑的策略，直击魏都大梁，然后马上退兵，诱使庞涓兼程追击。庞涓在马陵(今河南范县西南)中了埋伏而大败，然后自刎(wěn)而死(一说被乱箭射死)，史称马陵之战。

1　　　不久，庞涓包围了邯郸，邯郸危在旦夕①。赵国火速②向齐国求救，并允诺③将中

2　山国割予④齐国。齐威王任命⑤田忌为主将，并起用⑥从魏国救得的孙膑⑦为军师⑧。

3　　　孙膑与庞涓本是同学，熟谙⑨用兵之法。原本魏王均⑩将二人聘⑪为高官，但庞

4　涓自觉能力不及孙膑，非常嫉妒⑫。于是，庞涓使用毒计⑬致使孙膑残疾⑭，并在他脸

5　上刺字，企图⑮使孙膑无法走路，又羞于⑯见人。后来孙膑装疯卖傻⑰，幸好⑱得到齐

6　国使者⑲的救援，逃到齐国。这也就成为后来战役⑳中庞涓被迫自杀的导火线㉑。

7　　　战争之初，田忌㉒想直接进攻邯郸，孙膑制止㉓说："人们解开乱成一团的丝线，肯

8　定不能握着拳头去打丝线。排解人们的争斗时，也不能直接参与打斗。我认为，平

9　息纠纷、解决矛盾，都应首先抓住问题的要害㉔，互相牵制㉕双方，双方才能自然分

10　开。"孙膑于是用计，让军队中最不会打仗的两位将领假装攻打魏国的军事要地㉖——

---

① 危在旦夕（wēi zài dàn xī）：形容危险就在眼前。旦夕，早晨和晚上，形容时间短。

② 火速（huǒ sù）：赶紧，立即，急速，以极快的速度。

③ 允诺（nuò）：允许，承诺，同意，答应。

④ 予（yǔ）：给予。另可读作 yú，同"余"，我，第一人称代词，如"予取予求"。

⑤ 任命（rèn mìng）：委任，下命令任用。

⑥ 起用（qǐ yòng）：任命使用，派人任职。

⑦ 孙膑（Sūn Bìn）：生卒年不详，战国初期军事家，兵家代表人物，是孙武的后代。孙膑原名不详，因受过膑刑故名孙膑。膑是古代除去膝盖骨的酷刑。现代汉字中，与身体部位及器官相关的字大部分带"月"字旁，"月"实际上是从古代的"肉"字旁演变而来的。

⑧ 军师（jūn shī）：军队中担任出谋划策、帮助制定作战方案的人。在战役中担任过军师的名人有：姜子牙、张良、诸葛亮、司马懿、吴用等。

⑨ 熟谙（shú ān）：熟悉，精通，非常清楚地了解。

⑩ 均（jūn）：副词，都、全；形容词，均匀。

⑪ 聘（pìn）：请人担任职务，如聘任书、招聘。也指定亲或女子出嫁，如聘礼（彩礼）、聘金。

⑫ 嫉妒（jí dù）：因别人胜过自己而产生的冷漠、贬低、排斥，甚至是忌恨、敌视的心理状态。与"妒忌"同义。

⑬ 毒计（dú jì）：狠毒的、歹毒的、致命的计策。往往是通过隐秘方式进行的。

⑭ 残疾（cán jí）：肢体、器官或其功能方面的缺陷。

⑮ 企图（qǐ tú）：图谋，打算，带有贬义。"企"是指踮（diǎn）着脚看，现在常用作盼望的意思。

⑯ 羞于（xiū yú）：不好意思，难为情。

⑰ 装疯卖傻（zhuāng fēng mài shǎ）：故意装得疯疯癫癫（diān）癫，傻里傻气。

⑱ 幸好（xìng hǎo）：幸亏，表示由于别人的帮助或某些条件而避免了不希望发生的后果，使局面变得有利。

⑲ 使者（shǐ zhě）：奉命出使的人。也泛指奉命办事的人。

⑳ 战役（zhàn yì）：为实现一定的战略目的，按照统一的作战计划，在一定的作战方向和时限内所进行的一系列战斗的总和。简言之，战役就是完成战略目标某一阶段中一系列战斗的总称。

㉑ 导火线（dǎo huǒ xiàn）：本义是使爆炸物爆炸的引线，比喻直接引发冲突的事物，亦作导火索。

㉒ 田忌（Tián Jì）：生卒年不详，战国时期齐国名将，妫（guī）姓，田氏（亦作陈氏），名忌，字期，又曰期思，封于徐州（今山东滕州南），故又称徐州子期。田忌是典故"田忌赛马"的主人公。

㉓ 制止（zhì zhǐ）：用强力阻止、阻拦，强迫停止，不允许继续。

㉔ 要害（yào hài）：重要的、关键的、致命的部分，可以指身体上的，也可以指地点或部门。

㉕ 牵制（qiān zhì）：约束、控制；拖住使不能自由行动。

㉖ 要地（yào dì）：重要的地方。

1　襄陵，以麻痹①魏军，但同时却让齐国大军神不知鬼不觉②地绕道，并直接进攻魏国

2　都城大梁。田忌依计而行。

3　　果然，魏军离开邯郸，归途③之中又遭到伏击④，与齐军战于桂陵，魏军士兵长途

4　疲惫，溃不成军⑤，庞涓勉强⑥收拾⑦残部⑧，退回大梁，齐师大胜，赵国之难遂⑨解。

5　　又过了十三年，齐魏两国军队再度⑩交战，庞涓中⑪了孙膑的计谋，最终兵败自

6　杀。孙膑以此名扬⑫天下。

7　　1974年6月7日，山东省临沂市银雀山的两座西汉前期的墓葬中，发现了著名

8　的《孙子兵法》和已经失传⑬1000多年的《孙膑兵法》。

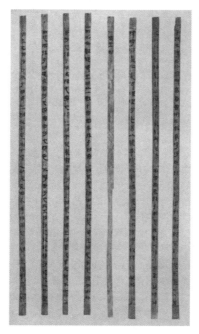

山东临沂银雀山汉简《孙膑兵法》

① 麻痹(má bì)：指失去警惕性，疏忽大意。作为医学名词，指肢体或身体的某部分失去知觉或运动能力。

② 神不知鬼不觉(shén bù zhī guǐ bù jué)：形容事情做得很隐秘或形迹很隐秘，不为人知(神鬼也不能发觉)。

③ 归途(guī tú)：返回、归来的路上。

④ 伏击(fú jī)：用埋伏的方式突然袭击敌人。

⑤ 溃不成军(kuì bù chéng jūn)：被打得七零八落，不成队伍，形容惨败。溃，溃败，散乱。

⑥ 勉强(miǎn qiǎng)：使人做他自己不愿意做的事；能力不够，还尽力做；将就或凑合、不充足等。

⑦ 收拾(shōu shi)：整理、布置、整顿、修理、料理。

⑧ 残部(cán bù)：打(吃)了败仗的残存的军队。

⑨ 遂(suì)：词性和义项非常多。做副词，可表示于是、就，多用于书面语。做动词，可表示成功、实现，如"自杀未遂"；也可表示满足、如意，如"遂心""遂意"。读 suí 时，指身体运动障碍，如"半身不遂"。

⑩ 再度(zài dù)：再次，又一次。"度"在这里是量词，表示次数，诗有"几度夕阳红"。

⑪ 中(zhòng)：本文中表示受到、遭受。读去声时其他义项还有正好符合、获得等。

⑫ 名扬(míng yáng)：声名远播，名气传开。

⑬ 失传(shī chuán)：前代的学术、艺术或技术没有得到继承或延续。

二、邯郸之围（邯郸之战/邯郸保卫战）

（根据《史记·王翦列传》《史记·平原君虞卿列传》改编）

公元前 259 年，秦昭襄王①不听从武安君白起②的劝告③，派王陵④攻打赵国首都邯郸。赵国大将廉颇率⑤十万赵军顽强⑥抵抗，赵国国相平原君赵胜⑦也投入大量财力、人力抵御⑧外敌入侵。战争进入僵持⑨阶段，第二年秦国又连续增兵二十万，仍然没有拿下⑩。此时，邯郸城内粮食供应⑪不足，赵孝成王被迫向魏、楚两国求救。

平原君在这一关键时刻发挥了重要作用。他奉命出使⑫楚国前，在他的门客⑬中选拔了二十名文武双全⑭的随行人员，其中就有一个名叫毛遂的人。起初⑮，平原君认为虽然毛遂工作了三年，但从未听说其有什么才能，不肯带他去。毛遂自荐说："倘若让我早些进入口袋中，我的锋芒⑯早就脱颖⑰而出了。"于是，平原君同意了。这

---

① 秦昭襄王（Qín Zhāoxiāngwáng）：生于公元前 325 年，卒于公元前 251 年，战国时期秦国国君，一称秦昭王，嬴姓，赵氏，名则，又名稷，秦惠文王之子，秦武王异母弟。早年在燕国做人质。公元前 307 年，秦武王去世，秦昭襄王与其弟争夺王位。公元前 306 年至公元前 251 年在位，为中国历史上在位时间最长的国君之一。在位时，秦国继续扩张。最著名的、决定秦赵两国命运的长平之战，就是在秦昭襄王晚期发生的。

② 白起（Bái Qǐ）：又称公孙起，战国时期秦国郿（méi）（今陕西省眉县东）人。白起在秦昭王时征战六国，为秦国统一六国做出了巨大贡献。曾在伊阙之战中大破魏韩联军，攻陷楚国国都郢城，长平之战重创赵国主力，是继中国历史上孙武、吴起之后又一个杰出的军事家，位列战国四大名将之首（白起、廉颇、李牧、王翦）。

③ 劝告（quàn gào）：用道理或情感劝说别人，使人改正错误或接受意见。

④ 王陵（Wáng Líng）：生卒年不详，战国时期秦国将军。秦昭襄王四十八年（公元前 259 年）任五大夫，发兵攻打赵邯郸，因作战兵败被免职。不同于西汉初年被封为安国侯的沛县人王陵。

⑤ 率（shuài）：带领、顺着、随着，如率先、率领、率由旧章。另外读 lǜ，表示两个相关的数在一定条件下的比值，如效率、圆周率（π）、税率、出勤率等。

⑥ 顽强（wán qiáng）：非常坚强，强硬不屈，百折不挠，是褒义词。意义类似的还有"顽固"，但它是贬义词，也表示思想守旧、不知变通。

⑦ 赵胜（Zhào Shèng）：嬴姓，赵氏，赵武灵王之子，赵惠文王之弟，在赵惠文王和赵孝成王时任宰相，以善于养士而闻名，号平原君，和齐国孟尝君田文、魏国信陵君魏无忌、楚国春申君黄歇（xiē）合称"战国四公子"。

⑧ 抵御（dǐ yù）：抵抗、抵挡、防御外敌、防御灾害等。

⑨ 僵持（jiāng chí）：指双方相持不下，不能避免也无法进展。"僵"的本义是僵直、硬挺、肢体不灵活。

⑩ 拿下（ná xià）：攻克、胜利、成功、取得。

⑪ 供应（gōng yìng）：供给所需的财物、物资。

⑫ 出使（chū shǐ）：接受使命出外办理外交事务。这样的人被称为"使节"。

⑬ 门客（mén kè）：寄食于贵族门下并为之服务的人。

⑭ 文武双全（wén wǔ shuāng quán）：能文能武，文才和武艺都很出众。文，文才。武，武艺。

⑮ 起初（qǐ chū）：最开始的、原来、最初、开始、初始。

⑯ 锋芒（fēng máng）：事物的尖利部分，比喻显露出来的才干。锋，刀剑器物锐利尖锐的部分。芒，某些禾本科植物种子壳上的细刺。相关说法还有"锋芒毕露""针尖对麦芒"。

⑰ 颖（yǐng）：禾的末端，植物学上指某些禾本科植物小穗基部的苞片。引申为事物末端的尖锐部分。可英译为 glume。

1　就是成语"毛遂自荐""脱颖而出"的来历①。

2　　平原君到楚国后,向楚考烈王建议一起对抗秦国。但楚考烈王犹豫不决②。毛

3　遂于是拔剑登上楚王的台阶,走到楚考烈王的跟前③说:"楚国虽然人多,但现在十步

4　之内,您没有可以依靠的楚国人,您的生死就在我的手中。我听说商汤④最开始只有

5　七十里的土地,但最终称霸天下,周文王也只有百里的土地,但最终能使诸侯臣服,

6　难道是他们士兵多吗? 不是,是因为他们能够审时度势、勇猛威武,才最终获得成

7　功。现在楚国国土五千里,军队百万,这都是您称霸的资本⑤,天下还有哪个国家敢

8　和您抗衡⑥? 然而,秦国的白起只是个微不足道⑦的小人物,带领着几万人马⑧和楚

9　国作战,不费吹灰之力⑨就攻下了鄢郢⑩,接着火烧了夷陵⑪,后来又侮辱⑫了您的祖

10　先⑬。此仇不共戴天⑭,而大王您竟然不知道羞耻⑮。"楚考烈王无地自容⑯,只好答应

11　与赵国结成同盟。楚国出兵十万,抗秦救赵。

12　　平原君的妻子是魏国信陵君无忌的姐姐。平原君多次向魏安厘王和魏无忌送

13　信,请求魏国救援,魏王派将军晋鄙领兵十万前去救赵。后来,秦国向魏国施压⑰,魏

---

① 来历(lái lì):人或事物的前期经历、履历,或者人或事物的历史、背景。

② 犹豫不决(yóu yù bù jué):迟疑不决,拿不定主意,不能做出决断。"犹豫"和"不决"是同义并列的结构,都是指不果断、缺少主见,对事难以做出决定。

③ 跟前(gēn qián):眼前、面前、身前。

④ 商汤(Shāng Tāng):生于约公元前1670年,卒于公元前1587年,即成汤,子姓,名履,又名天乙,甲骨文称成、唐、大乙,商朝开国君主,灭掉了夏朝,庙号太祖。

⑤ 资本(zī běn):本义是经营工商业的本钱,引申为谋取利益的凭借,这里是指从事工作的条件。经济学中指人类创造物质和精神财富的各种社会经济资源的总称。

⑥ 抗衡(kàng héng):彼此对抗,不相上下,匹敌。"衡"的义项很多,如对等、均衡、称量、衡量等。

⑦ 微不足道(wēi bù zú dào):意义、价值等非常小,不值一提。微,细、小。足,值得。道,谈起。

⑧ 人马(rén mǎ):人和马,指军队。

⑨ 不费吹灰之力(bú fèi chuī huī zhī lì):形容事情做起来非常容易,不花一点力气(不用花费吹走灰尘的力气)。近义词有轻而易举、举手之劳、易如反掌等。反义词有难于登天、举步维艰等。

⑩ 鄢郢(Yān Yǐng):春秋楚文王定都于郢,惠王之初曾迁都于鄢,仍号郢,因此以"鄢郢"指楚都。偏旁"阝"("右耳旁"),大多数是古代汉字中的"邑"(yì)变形而来的,带有"阝"(右耳旁)的字多与地名、邦郡有关,例如"邻",古代汉字写成"鄰"(鄰),本义是古代的一种居民组织,五家为邻。而"阝"("左耳旁"),大多数是古代汉字中的"阜"(fù)变形而来的,"阜"字本义为土山,故从左耳旁的字,本义多与山地、地形相关,如"陵""陡""险""陆""阴""阳"等。

⑪ 夷陵(yí líng):在今湖北宜昌东南。三国吴改名西陵,晋代又称夷陵。

⑫ 侮辱(wǔ rǔ):以言行侮弄羞辱别人,使对方人格或名誉受到损害。也指轻慢地对待或欺辱他人,或用下流的言行对待女性。

⑬ 祖先(zǔ xiān):民族或家族的上代先辈。可英译为ancestor。

⑭ 不共戴天(bú gòng dài tiān):不愿与仇敌在同一个天底下并存,形容仇恨极深。戴,顶着。

⑮ 羞耻(xiū chǐ):羞愧耻辱。往往是因为自己在人格、能力、外貌等方面的不足,或者在思想与行为方面和社会常态不一致而产生的一种痛苦的感觉。可译为(a feeling of)shame。

⑯ 无地自容(wú dì zì róng):没有地方可以让自己容身,形容非常羞愧。容,容纳、容身。

⑰ 施压(shī yā):施加压力,逼迫。

1　王因惧怕①而始终处于观望②状态，不肯出兵相救。

2　　　有人建议信陵君，首先依靠魏王宠妃③如姬从魏王的卧室内偷出虎符④，再带着

3　勇士朱亥到魏军见晋鄙。之后，拿出兵符，假传魏王的命令，任命信陵君代替晋鄙担

4　任将领。晋鄙虽然把两半兵符相合，验证⑤无误，但还是有所怀疑，并不想交出兵权。

5　不得已，信陵君只好让朱亥动手，用铁椎⑥杀死晋鄙，强行夺权。这就是历史上著名

6　的"窃⑦符救赵"。

7　　　魏无忌统领晋鄙的军队后，向士兵下令说，如果父子都在军中当兵，父亲就可以

8　回家；若兄弟都在军中当兵，则兄长可以回家；倘若是独生子，则可以回家赡养⑧父

9　母。最终，精选出八万精兵去救援赵国。

10　　　公元前257年，魏、楚两国军队先后抵达⑨邯郸城郊，赵国守军配合魏、楚两军，

11　内外夹击⑩，大败秦军，邯郸之围遂解。

阳陵虎符

---

① 惧怕(jù pà)：害怕、恐惧、可怕。中国古代认为人的意识、想法来自人的心脏，所以与心理、情感等有关的字大都有"心字旁"，但是它在不同汉字里写法并不相同，或作"心(心字底)""忄"，或作"忄"。

② 观望(guān wàng)：指置身事外静观事态发展。"观"和"望"都有看的意思，是近义连用的并列结构。

③ 宠妃(chǒng fēi)：宠爱的妃子。宠，纵容、偏爱、宠爱、溺(nì)爱。妃，或称皇妃、宫妃、帝妃等，是中国古代皇帝侧室的一种，也用于东亚诸多地区，如古代的日本、朝鲜、越南等。

④ 虎符(hǔ fú)：是古代皇帝调兵遣将用的兵符，用青铜或者黄金做成伏虎形状的令牌，劈(pī)为两半，其中一半交给将帅，另一半由皇帝保存，只有两个虎符同时合并使用，持符者才获得调兵遣将权。

⑤ 验证(yàn zhèng)：经过检验得到证实。

⑥ 椎(chuí)：同"槌"(chuí)敲打东西的器具。另有读音 zhuī，意思是构成高等动物背部中央骨柱的不规则骨，如脊椎。

⑦ 窃(qiè)：偷，是一种不合法的手段。

⑧ 赡养(shàn yǎng)：子女在经济上为父母提供必需的生活用品和费用，通俗地说，就是晚辈供养长辈，照顾衰老的父母。

⑨ 抵达(dǐ dá)：到达目的地。

⑩ 内外夹击(nèi wài jiā jī)：从里、外两方面配合同时进攻。夹，从两方面来的。

1 **编者按语**

2 　　提起邯郸，有一条成语"邯郸学步"与之密不可分。《庄子·秋水》记载了一个故事，

3 说的是战国时期，燕国寿陵有个少年听说赵国邯郸人走路的姿势很漂亮，便来到邯郸学

4 习邯郸人走路。结果，他不但没有学到赵国人走路的姿势，还把自己原来走路的姿势也

5 忘记了，最后只好爬着回去。成语也作"学步邯郸"，比喻一味地模仿别人，不仅没学到

6 本事，反而把原来的本事也丢了。不过，也有学者研究认为，邯郸学步其实学的是邯郸

7 的优美舞步。

8 　　再说赵国，与之相关的史实典故也不在少数，譬如"赵氏孤儿"。它讲述了春秋时期

9 晋贵族赵氏被奸臣屠岸贾陷害而惨遭灭门，幸存下来的赵氏孤儿赵武长大后为家族复

10 仇的故事。还有"长平之战"，此次战争秦赵两国兵士伤亡百万，成为春秋战国时期一次

11 持续最久、规模最大、最惨烈的战争，而整个中国历史的走向也为之改变。

12 　　本篇课文是将发生在邯郸的两次著名战役合在一起拟订的题目"战邯郸"。两次战

13 役涌现出众多个性鲜明的历史人物：邹忌、齐王、孙膑、庞涓、田忌、秦昭襄王、白起、平原

14 君、信陵君、毛遂、朱亥。而透过惨烈的战争，我们发现还有些可以回味的地方。比如，

15 你会发现除了正义和非正义以外，战争中也可以存在道义，也可以存在某种为之坚守的

16 信念和价值。

17 **重点词汇**

18 　　争霸　抗衡　结盟

19 　　抵御　克　疲惫　难

20 　　毛遂自荐　田忌赛马　围魏救赵　窃符救赵　脱颖而出

21 　　三十六计　用计　《战国策》

22 **语法偏误**

23 　　句子是由词语按一定的语法规则组合起来的，这是句子的语法层面。而句子中的

24 词语与客观事物之间也有一定的关系，这就是语义层面。比如"孙膑打败了庞涓""庞涓

25 被孙膑打败了"，主语虽为不同的人，然而因为"孙膑"是"施事"，"庞涓"是"受事"，施受

26 关系没变，因此语义没变。

27 　　而句中词语和使用者之间实际上也存在关系，这种关系则是语用层面的

28 （pragmatical）。一个句子的成立、适宜与否，少不了语用层面的参与。

29 　　而留学生在学习动词时，也会经常在语用层面产生偏误。

30 　　1. 近义词带来的偏误。包括如下几种。

31 　　首先是具有共同义素和语素的单音节动词和双音节动词在使用中混淆。例如，有

32 学者调查过，蒙古留学生会造这样的句子："人们常常找幸福。""寻找"和"找"含有相同

33 语素，语义相近，但在语用中与"幸福"搭配，只能是寻找。这样的情况，还有"帮"和"帮

1　助"、"看"和"看见"、"付"和"支付"、"变"和"改变"、"感"和"感到"……一般而言,单音节
2　一般多同单音词搭配,双音节多同双音词组合。

3　　　其次是具有共同义素和语素的双音节动词之间在使用中混淆。例如,"齐威王大为
4　赞赏"中的"赞赏",有可能被误作"赞美"。二词都有夸奖、称赞的意思,但它们的使用范
5　围与感情色彩的强弱有差别。"赞美"是指认为美好而予以称誉,"赞赏"是指非常赞同,
6　值得欣赏。

7　　　还有一种是意义相近的单音节动词误用,以及无共同语素但语义关系相近的动词
8　误用。例如"但魏军又被我军乘机攻击而削弱",这里的"削弱"不能替换为"减弱"。

9　　　2. 动宾等结构搭配不合理导致错误。

10　　　如"任命信陵君代替晋鄙担任将领"和"任命信陵君代表晋鄙担任将领"意义完全不同。

11　　　最后还有一类是学习者将词义本身混淆致误。比如将"则可以回家赡养父母"的
12　"赡养"经常混淆作"瞻仰"。

13　　　本课中出现了大量的与战争相关的动词,留学生可以集中比对分析,加以掌握。

14　**课堂练习**

15　1. 判断:"赵国打败了秦国",这里的"打败"可以换成"打赢",意思一样。(　　　)

16　2. 填空:下列与作战有关的常用动词,表示主动暂时停止战争时使用的是_____,表
17　　示置身事外静待事态发展的是_____,描述战胜对方的是_____,表示战事过程
18　　中的最终完结部分的是_____。

19　　出兵　行军　驻扎　僵持　对峙　观望　攻克　休战　凯旋　打赢　战败

20　3. 选择:《战国策》中邯郸之难,孙膑_____/_____,田忌_____,庞涓_____。

21　　A. 设计　　　　　　　B. 用计　　　　　　　C. 依计　　　　　　　D. 中计

22　4. 选择:从"窃符救赵"这段故事中可以看出信陵君魏无忌的特点是_____。

23　　A. 目无法纪军纪,独断专行

24　　B. 富有政治远见,又具有军事才能

25　　C. 交友广泛,礼贤下士,待人宽厚

26　5. 选择:关于"战国七雄"的说法正确的是_____。

27　　A. 战国七雄指的是战国共有七个国家,所以称为战国七雄

28　　B. 战国七雄是在春秋五霸的基础上又增加了两个国家

29　　C. 战国七雄是七个诸侯国

30　　D. 战国七雄后来被秦始皇消灭了

31　6. 简答:读罢(bà)《战邯郸》,你对战国时代的感受如何? 请总结出三个以上的核心词汇
32　　或短语。

课后思考

1. 《孟子·尽心下》云："春秋无义战。"请谈谈你对"战争正义性"的理解。

2. 请尝试分析《战邯郸》中最具悲剧色彩的人物形象的成因。

延伸阅读

《春秋战国时期的 41 个典故：春秋战国典故汇集》

《史记·魏公子信陵君列传》（白话全译本）

第 9 课　军旅题材诗词二首

一、使至塞上^①

唐·王　维^②

单车^③欲问边^④，属国^⑤过居延^⑥。

征蓬^⑦出汉塞，归雁^⑧入胡天^⑨。

大漠^⑩孤烟直^⑪，长河^⑫落日圆。

萧关^⑬逢候骑^⑭，都护^⑮在燕然^⑯。

---

① 使至塞上(shǐ zhì sài shàng)：奉命出使边塞。使，出使。

② 王维(Wáng Wéi)：生于 699 或 701 年，卒于 761 年，河东蒲州(今山西运城)人，唐朝著名诗人、画家，字摩诘，号摩诘居士，世称"王右丞"，因笃信佛教，有"诗佛"之称。今存诗 400 余首，重要诗作有《相思》《山居秋暝》等。王维受禅宗影响很大，精通佛学，精通诗、书、画、音乐等，与孟浩然合称"王孟"。苏轼评价，"味摩诘之诗，诗中有画；观摩诘之画，画中有诗"。

③ 单车(dān chē)：一辆车，车辆少，这里形容轻车简从。

④ 问边(wèn biān)：到边塞去察看、看望，指慰问守卫边疆的官兵。

⑤ 属国(shǔ guó)：从汉朝开始，凡是已经归附的少数民族，朝廷均称呼他们为属国。此外，属国也指官名。秦汉时有一种官职名为典属国，属国即典属国的简称。西汉时期著名的大臣苏武回到汉朝就被授予典属国官职，因此汉代就称负责外交事务的官员为典属国。唐代也有人以"属国"代称出使边陲的使臣，这里诗人用来指自己使者的身份。

⑥ 居延(jū yán)：地名，其具体方位有多种说法。一是在今内蒙古额济纳旗北境，汉代称居延泽，唐代称居延海；二是西汉张掖郡有居延县(参见《汉书·地理志》)，故城在今额济纳旗东南；三是东汉凉州刺史部有张掖居延属国，辖境在居延泽一带。一般认为本句诗指的是作者王维路过居延。然而王维这次出使实际上并不需要经过居延。而林庚、冯沅君主编的《中国历代诗歌选》认为此句是写唐朝"边塞的辽阔，附属国直到居延以外"。本句是"过居延属国"的倒文。

⑦ 征蓬(zhēng péng)：被风卷起远飞的蓬草，这里借来比喻自己。

⑧ 归雁(guī yàn)：雁是候鸟，春天北飞，秋天南行，这里是指大雁北飞。

⑨ 胡天(hú tiān)：胡人的领地，这里是指唐军占领的北方。

⑩ 大漠(dà mò)：大沙漠，此处大约是指凉州之北的沙漠。

⑪ 孤烟直(gū yān zhí)：赵殿成在《王右丞集笺注》中写道，边塞之地常见回风，这种风迅急，吹卷着烟沙而直直地飘上空中，只有亲自见到这种景色才知道这句诗里面"直"这个字的妙处。赵殿成同时说古代边防报警时点燃狼粪，"其烟直而聚，虽风吹之不散"。另外，孤烟也可能是唐代边防使用的平安火，唐代每三十里置一堠(hòu)，每天傍晚之后点燃烽火报告无事。

⑫ 长河(cháng hé)：黄河。另一说法指流经凉州(今甘肃武威)以北沙漠的一条内陆河，这条河在唐代叫马成河，疑即今石羊河。

⑬ 萧关(xiāo guān)：古代的关口名，又名陇山关，是关中地区通向塞北的交通要道，在今宁夏回族自治区固原市东南。

⑭ 候骑(hòu qí)：一作"候吏"，担任侦察、通讯的骑兵。王维出使河西并不经过萧关，此处大概是用何逊诗"候骑出萧关，追兵赴马邑"之意，并非实写。

⑮ 都护(dū hù)：官名。汉宣帝时设置了西域都护，唐代设置了安东、安南、安西、安北、单于、北庭六大都护府。都护是都护府的最高长官，每府派大都护一人，副都护二人，负责辖区一切事务。这里借指河西节度使或前敌统帅。

⑯ 燕然(yān rán)：山名，今蒙古国境内杭爱山。这里用作最前线的代称。这两句诗的意思是在途中遇到候骑，得知主帅破敌后尚在前线未归。

赏析：

　　唐开元二十五年(公元 737 年)，河西节度副大使崔希逸战胜吐蕃，唐玄宗命王维以监察御史的身份从军赶往凉州，到河西节度使的幕府中加以慰问，察访军情。这实际是将王维排挤出朝廷。这首诗就是作者在出塞途中所作。

　　王维才情甚高，诗中擅于情景交融。比如"征蓬出汉塞，归雁入胡天"一句，作者出使时恰在春天，诗人写"蓬""雁"这两个形象，既是写景，同时又是比喻自己像随风而去的蓬草一样出临"边塞"，像振翅北飞的"归雁"一样进入"胡天"。这样的景色和词汇在古诗中常常见到，多用于比喻漂流在外的游子，这里却用来比喻一个负有朝廷使命的大臣，这抒发了诗人内心的激愤和抑郁。

日本圣福寺藏王维手绘《辋川图》局部(摹本)

　　本诗的"大漠孤烟直，长河落日圆"更是千年传唱不衰。《红楼梦》第四十八回"香菱学诗"的情节写道："'大漠孤烟直，长河落日圆'。想来烟如何直？日自然是圆的。这'直'字似无理，'圆'字似太俗。合上书一想，倒像是见了这景的。要说再找两个字换这两个，竟再找不出两个字来。"这两句所描写的塞外奇特壮丽的风光，画面开阔，意境雄浑，而诗人又把自己的孤寂情绪巧妙地融入广阔的自然景象的描绘中，无怪乎王国维称之为"千古壮观"。

二、沁园春·雪①

毛泽东②

3　　北国③风光，千里冰封，万里雪飘。

4　　望长城内外，惟余莽莽④；

5　　大河上下⑤，顿失滔滔。⑥

6　　山舞银蛇⑦，原驰蜡象⑧，欲与天公⑨试比高。

7　　须⑩晴日，看红装素裹⑪，分外妖娆⑫。

8　　江山如此多娇，引无数英雄竞折腰⑬。

9　　惜秦皇汉武⑭，略输⑮文采⑯；

---

① 沁园春(qìn yuán chūn)：词牌名。词，又称长短句，总共有1000多个格式(这些格式称为词谱，而律诗只有四种格式)。词牌就是词的格式的名称，人们为了便于记忆和使用，所以给它们起了一些名字，这些名字就是词牌。东汉窦宪仗势夺取沁水公主园林，后人作诗以咏其事，此调因此得名，又名《寿星明》《洞庭春色》等。平韵。(1980年版《辞海》905页)《沁园春》词牌创始于初唐，以苏轼词为正格，双调114字。本文选自《毛泽东诗词集》，中央文献出版社1996年版。

② 毛泽东(Máo Zédōng)：生于1893年12月26日，卒于1976年9月9日，字润之(原作咏芝，后改润芝)，笔名子任。湖南湘潭人。中国共产党、中国人民解放军和中华人民共和国的主要缔(dì)造者和领袖，诗人，书法家。1949年至1976年，毛泽东担任中华人民共和国中央人民政府主席。因毛泽东担任过的主要职务多数称为主席，所以他也被人们尊称为"毛主席"。

③ 北国(běi guó)：指中国北方。

④ 惟余莽莽(wéi yú mǎng mǎng)：只剩下白茫茫的一片。"余"字一作"馀"，书法作品中写作"馀"。莽莽，无边无际之意。

⑤ 大河上下(dà hé shàng xià)：指黄河的上上下下，犹言整条黄河。

⑥ 顿失滔滔(dùn shī tāo tāo)：指此时黄河因为结冰而失去了波涛滚滚的气势。

⑦ 山舞银蛇(shān wǔ yín shé)：群山好像是一条条银蛇在舞动。

⑧ 原驰蜡象(yuán chí là xiàng)：高原上的丘陵好像许多白象在奔跑。原，毛泽东自己解释为秦晋高原。驰，车马等奔跑、快速跑。蜡象，白色的大象。

⑨ 天公(tiān gōng)：指天，即命运。俗语有"天公(不)作美"。

⑩ 须(xū)：等到。还有胡须等名词意思，也可作副词和连词，还可作姓氏。

⑪ 红装素裹(hóng zhuāng sù guǒ)：形容雪后天晴，红日和白雪交相辉映的壮丽景色。红装在这里不是指妇女的漂亮服饰，而是指红日照耀大地。素裹在这里不是指妇女的朴素着装，而是指白雪覆盖着茫茫大地。

⑫ 妖娆(yāo ráo)：娇艳美好，明媚(mèi)、妩媚。

⑬ 折腰(zhé yāo)：鞠躬、倾倒。这里是说争着为江山奔走操劳。陶渊明"不为五斗米折腰"成为有骨气的代称。李白《梦游天姥(mǔ)吟留别》也说："安能摧眉折腰事权贵，使我不得开心颜？"

⑭ 秦皇汉武(qín huáng hàn wǔ)：秦始皇嬴政、汉武帝刘彻。

⑮ 输(shū)：和下文的"逊"，都是差、失的意思。

⑯ 文采(wén cǎi)：和下文的"风骚"相同，词语原意是写作时的辞藻。这里用来概括包括政治、思想、文化在内的广义的文化。

1　　　　　唐宗宋祖①，稍逊②风骚③。

2　　　　　一代天骄④，成吉思汗⑤，只识弯弓⑥射大雕⑦。

3　　　　　俱往矣⑧，数⑨风流⑩人物，还⑪看今朝⑫。

4　**赏析：**

5　　　　抗日战争期间，国民政府从南京迁

6　移到了重庆。1945 年 8 月抗日战争胜

7　利后，毛泽东到重庆和国民党进行和平

8　谈判。其间，毛泽东应柳亚子的请求，将

9　一首《沁园春·雪》相赠。毛泽东在信中

10　说，这是"初到陕北看见大雪时"所填的

11　一首词（据说作于 1936 年 2 月）。柳亚

12　子称赞道："叹为中国有词以来第一作

13　手，虽苏、辛犹未能抗耳，况馀子乎？"柳

黄河壶口瀑布结冰

14　亚子很快写出和（hè）词《和毛润之先生咏雪词》，由《新华日报》刊登。随后，很多人开始

15　打听毛泽东的咏雪词，《新民报·晚刊》副刊编辑吴祖光评论："毛润之先生能诗词，似鲜

16　（xiǎn）为人知。客有抄得其《沁园春·雪》一词者，风调独绝，文情并茂。而气魄之大乃

17　不可及。"之后，郭沫若、邓拓、陈毅等人也都依韵奉和。

18　　　　《沁园春·雪》一词分上下两阕（què），上阕描写千里冰封的北国雪景，展现中国的

19　壮丽山河；下阕是作者对大好河山的壮丽而发出的感叹，并引出和点评了秦皇汉武等英

20　雄人物。此词不仅赞美了江山的雄伟和多娇，更重要的是赞美了当时的革命英雄，也抒

21　发了毛泽东伟大的抱负。

---

① 唐宗宋祖（táng zōng sòng zǔ）：唐太宗李世民、宋太祖赵匡胤。

② 逊（xùn）：逊色、不如、比不上、比某事差。

③ 风骚（fēng sāo）：原指《诗经》中的《国风》和《楚辞》里的《离骚》，这里和前文"文采"相同。

④ 一代天骄（yī dài tiān jiāo）：意思是称雄一世的人物。天骄，天之骄子，汉代的人称呼当时匈奴单于为天之骄子，
所以后世就把北方一些少数民族的首领称为天骄。

⑤ 成吉思汗（Chéngjísīhán）：孛儿只斤·铁木真（1162—1227），蒙古帝国可汗，尊号"成吉思汗"，意为"拥有海洋四
方"。世界史上杰出的政治家、军事家。宋开禧二年（公元 1206 年）春天建立大蒙古国，此后多次发动战争，疆域
西达中亚、东欧的黑海海滨。宋宝庆三年（公元 1227 年）在征伐西夏的时候去世，之后被密葬。

⑥ 弯弓（wān gōng）：开弓射箭。

⑦ 雕（diāo）：一种非常凶猛的大鸟，因为飞得高且快，居于高山的崖壁之上，故而古人用"射雕"来比喻善于射箭、
武艺高强。

⑧ 俱往矣（jù wǎng yǐ）：都已经过去了。俱，全部、都、皆、所有。

⑨ 数（shǔ）：动词，数得着、称得上。

⑩ 风流（fēng liú）：古代特指人英俊、有才华、有风度、仪表翩翩，今天主要意思是不端庄，或指男女间与调情有关的
事。

⑪ 还（huán）：表示回到原处或恢复原状、回报别人对自己的行动、偿付等意。读 hái 时可以作副词，表示仍然、依然、
更、再、尚可、尚且；也可以作连词，表示选择、转折等。

⑫ 今朝（jīn zhāo）：今晨、今日、目前、现今。

1　　　不过，围绕《沁园春·雪》这首词，从其产生到表达的情感及写作手法等，也有许多
2　不同的声音。1958 年 12 月 21 日，毛泽东又批注道："雪，反封建主义，批判二千年封建
3　主义的一个反动侧面。文采、风骚、大雕，只能如是，须知这是写诗啊！难道可以谩
4　(màn)骂这一些人们吗？别的解释是错的。末三句，是指无产阶级。"

5　**编者按语**

6　　　中国文学中，军旅或羁(jī)旅题材的诗词独具特色。早在汉魏六朝时已经出现了一
7　些边塞诗歌，到了隋代，诗歌数量不断增多，而到了盛唐时期则全面成熟。唐代的边塞
8　诗人以高适、岑参(cén shēn)、李颀(qí)、王昌龄、崔颢、王之涣、王翰等人知名，而高适、
9　岑参成就最高，所以人们也称他们为"高岑诗派"。边塞诗歌主要描写边塞战争和边塞
10　风土人情，以及战争带来的各种矛盾，比如离愁别绪、思乡恋家、怨妇征夫等，形式上也
11　多姿多彩，比如七言的歌行体，还有五、七言的绝句。总体而言，边塞诗歌显得诗风悲
12　壮，格调雄浑，是最容易表现大唐气象的诗歌形式。边塞诗人颇具北方的豪侠气概，他
13　们的诗作中常常吐露出拜相封侯的抱负，以及抒发大唐帝国繁荣昌盛所特有的气势。
14　当然，绝大部分诗人的一生都只是担任一些微不足道的小官。然而即使如此，他们气吞
15　万里的诗歌强音却是响彻古今、不容淹没和忽视的。

16　　　可是，我们也应深思，这样优秀诗作的出现必有其多面的历史背景。以唐代为例，
17　唐王朝疆域广阔，境内各民族间的政治经济文化军事交流日趋频繁，朝廷与周边国家的
18　交往也日益增多。不仅如此，皇帝、君主和身边臣子好大喜功，一些官僚将帅也力图通
19　过边塞战争获得功名利禄。在这一背景下，民族、政府之间等时有冲突，表面的风平浪
20　静，实际上却避免不了战争的发生。于是，以边疆战事为中心的生活与战争本身便成了
21　诗人关注的重要内容。

22　　　自此之后，历代有理想追求的文人墨客和文官武将，或受到时代精神和盛世面貌的
23　鼓舞，或者受到边塞统领们诚招文人的需求，或者自身就有执笔从戎、保家卫国、改造天
24　下的理想，使得边塞诗风的文学作品佳作迭出、代代流传。

25　**重点词汇**

26　　　边塞　关口　军旅
27　　　雁　胡　征　羁
28　　　风骚　风流　抱负　从戎
29　　　好大喜功　文官武将

30　**语法偏误**

31　　　两篇诗词中均出现了一个词："欲"。与"想"同义，这是一个表示心理活动的动词。
32　心理活动动词还有爱、恨、怕、想、喜欢、害怕、想念、觉得、懂、明白、熟悉、了解等。借用
33　叔本华(Arthur Schopenhauer)的说法，其实人们都活在自己的心灵世界中，这类心理活

1 动的动词,在日常交际中起着非常关键的作用。然而这类词语尤其是语义相近的心理
2 动词在留学生汉语语法学习中常常出现偏误。因此在学习心理动词时需要注意一些角
3 度和方法。

4 　　有些心理动词的词义在表达程度上有差别,有的程度轻,有的程度重。例如,"熟
5 悉"和"了解"虽然都是知道得很清楚,但在表达某种经验时,"熟悉"比"了解"的认识程
6 度更深一些。而"了解"和"理解"则在词义方面各有侧重,"理解"比"了解"在认识的深
7 度上更深,"了解"比"理解"在认识的范围上更广。有些词的词义范围有宽有窄,如"爱"
8 比"崇拜"多了爱惜、爱护、关心、喜欢等含义。还有些近义心理动词则搭配对象有所不
9 同,比如"以为"可以搭配错误的观点,也能搭配正确的观点,不过后者主观性强,多表达
10 不确定性的意见,而"认为"搭配的往往是理性的、正式的、论断式的观点。另外,有些词
11 义相近的心理动词在适用场合上有所不同。如"欲"和"想",在打算这一含义上,前者为
12 书面语,比后者更典雅,后者书面语、口语均可。最后还有一类是语法功能或与之搭配
13 的语法成分有所不同,如"想"具有"认为"的含义,但却不能使用否定式;"认为"能用于
14 被动句中,但"以为"却不能。

15 　　对于如何辨析易混心理动词,学者总结出义素分析法、语义搭配法、反义对比法、语
16 境实例法、替换分析法、对比搭配法等方法。当然,各种方法对于留学生群体来说,各有
17 优点和不便。但无论哪种辨析方法,均需要辅以具体的例句和语言环境。

18 **课堂练习**

19 1. 判断:《沁园春·雪》不是一个词语,而是一首词。(　　　)
20 2. 填空:与"胡天""东夷""西戎""北狄""南蛮"等相对立的一个词是_____。
21 3. 选择:下列"塞"的说法错误的是_____。
22 　A. "塞外"就是边疆
23 　B. "塞"指的是要塞
24 　C. "塞外"指的是长城以北的蒙、甘、宁、冀省区的北部
25 　D. "塞"还有 sāi、sè 等音
26 4. 选择:《沁园春·雪》中与"略输""稍逊""只识"这样的五位皇帝相对立的另一方是
　　_____。
27 　A. 英雄　　　　　　　　　　　　B. 无产阶级
28 　C. 风流人物　　　　　　　　　　D. 毛泽东
29 5. 选择:对"大漠孤烟直,长河落日圆"理解到位的是_____。
30 　A. 写得太直接、太简单,有些像废话
31 　B. 孤烟是说傍晚的沙漠里有一户人家在生火做晚饭
32 　C. 笔直的孤单的烟,飘在沙漠上方,圆圆的太阳落到了黄河里
33 　D. 景色也反映了作者的孤单和寂寞
34 6. 简答:"1958 年 12 月 21 日,毛泽东又批注道:'雪,反封建主义,批判二千年封建主义

的一个反动侧面……末三句,是指无产阶级。'"请谈谈你对这句引文的理解。

_____

_____

_____

课后思考

1. 秦皇汉武、唐宗宋祖,自亚历山大至成吉思汗,从恺撒到拿破仑,再由华盛顿至毛泽东,辨证分析并深刻理解伟大的军事家在和平与文明征程中的作用。

2. 谈谈战争中的人道主义。

延伸阅读

《中国古代军事诗歌精选(上、下)》(郭春鹰、孙丕任)

《中国历代军旅诗词选编》(原总政治部宣传部)

《中国历代军旅诗三百首鉴赏》(刘凤泉、牟瑞平、蔡玉和)

第四章

科技：大国气象

【导读】

在人类历史上，封建社会科学文化的最高成就是由中国创造的。其中农学、医学、数学、天文学是中国古代的四大自然科学。从商周时期萌芽，历经春秋战国、秦汉、魏晋南北朝、隋唐时期的发展，到宋朝臻（zhēn）至鼎盛，中国古代科技在不断发展与进步。明清时期，受海禁及闭关锁国等对外政策的影响，中国科技渐渐衰落，西方科学技术渐渐传进中国。

"中国古代四大发明"是家喻户晓的古人智慧结晶，它们分别是指南针（前身是司南，最早记载源于战国时期，是用天然磁铁矿石雕琢成一个勺形的东西，放在一个光滑的盘上，盘上刻着方位，利用磁铁指南的作用就可以辨别方向）、火药（隋唐时期道教兴盛，皇帝为了长生不老而命令道士炼丹，偶然发现了点燃即会爆炸的物质，其成分是硝酸钾、木炭和硫黄）、造纸术[东汉时期的蔡伦总结了原始的造纸经验，改用树皮、麻头及破布、渔网等原料和工具，经过挫（cuò）、捣（dǎo）、抄、烘等工艺造纸，既节省了成本，也提高了质量]、活字印刷术（宋代毕昇改良了隋唐时期的雕版印刷，产生了方便快捷的活字印刷。这种方法是先制作好陶制的单字，将它们排在一个装有印泥的铁框中，用火烘烤将字面压平，待冷却后即可开始印刷）。

地动仪也是中国古代的一项伟大发明，它能测得发生地震的方位。第10课《张衡传》讲的就是地动仪的发明者张衡的生平事迹。第11课《"医圣"华佗》介绍的是中国历史上著名的医学家华佗：民间流传着许多关于他高明医术的传说，课文中讲述的就是他为人治病的许多经历。第12课《十二月花名》，是一首广泛流传的民歌。相传坚贞的孟姜女为被逼去筑长城的丈夫范杞（qǐ）良千

1　里送寒衣,历尽艰辛。在路经苏州浒(hǔ)墅(shù)关时被守关的官吏刁(diāo)
2　难,无法过关,孟姜女就把自己的悲惨身世编成小曲唱给官吏听,终于感动了
3　吏卒,放她过关。

4　**【关键词】**

5　　　四大发明　辩证思维　封闭性　实用理性

第 10 课　张衡传

（根据范晔①《后汉书②·张衡传》改编）

张衡③，字④平子，南阳郡西鄂县人。张衡天资⑤聪颖⑥，很有文采。年轻时曾在"三辅"（汉朝都城长安一带）游学⑦，并进入洛阳，在太学⑧学习。张衡刻苦勤奋，通晓五经⑨，贯通六艺⑩。虽然才华⑪比一般人高，但他并不骄傲自大。他平时举止从容⑫，态度平静，不喜欢与世俗之人交往。永元年间，他被推举⑬为孝廉⑭，但却不予理睬⑮。后来，政府屡次⑯想要聘请⑰他做官，他一直推脱⑱而不接受任命。张衡生活

---

① 范晔(Fàn Yè)：生于公元 398 年，卒于公元 445 年，字蔚宗，南朝宋顺阳（今河南淅川南）人，历史学家，官至左卫将军，太子詹(zhān)事。宋文帝元嘉九年（公元 432 年），范晔因为被贬职，不得志而开始撰写《后汉书》，至元嘉二十二年（公元 445 年）因谋反罪被杀为止，他写成了十纪、八十列传。原计划的十志未能完成。今天《后汉书》中的八志共计 30 卷，是南朝梁刘昭从司马彪的《续汉书》中抽出来补进去的。

② 后汉书(hòu hàn shū)：记载东汉历史的纪传体断代史书，"前四史"之一。全书主要记述了上起东汉的光武帝建武元年（公元 25 年），下至汉献帝建安二十五年（公元 220 年），共 195 年的史事。此书综合了当时流传的七部东汉的史籍，并参考了袁宏所著的《后汉纪》，简明周详，叙事生动，因此取代了以前各家的后汉史。

③ 张衡(Zhāng Héng)：生于公元 78 年，卒于公元 139 年，字平子，汉族，南阳西鄂（今河南南阳市石桥镇）人。在汉朝官至尚书。由于他在古代科技上的突出贡献，人们将月球背面的一个环形山命名为"张衡环形山"，联合国天文组织曾将太阳系中的 1802 号小行星命名为"张衡星"。

④ 字(zì)：也叫表字，是指成年时在本名以外所起的表示德或本名的意义的名字。

⑤ 天资(tiān zī)：天赋，人与生俱来的资质。

⑥ 聪颖(cōng yǐng)：聪明，聪慧，有智慧，悟性好。

⑦ 游学(yóu xué)：离开本乡到外地或外国求学。注意与求学、留学、访学的异同。

⑧ 太学(tài xué)：中国古代设于京城的最高学府。西周已有太学之名。汉武帝元朔五年（公元前 124 年）设立五经博士。弟子 50 人，为西汉设置太学之始。东汉太学大为发展，顺帝时有 240 房，1850 室。质帝时，太学生达 3 万人。魏晋到明清，或设太学，或设国子学（国子监），或两者同时设立，名称不一，制度亦有变化，但均为传授儒家经典的最高学府。

⑨ 五经(wǔ jīng)：五部儒家经典，即《诗》《书》《易》《礼》《春秋》。这一称呼始于汉武帝建元五年。其中的《礼》，汉时指《仪礼》，后世指《礼记》，而对于《春秋》，后世把《左传》也包括进去了。

⑩ 六艺(liù yì)：先秦官学要求学生掌握的六种基本技能。即礼、乐、射、御、书、数。

⑪ 才华(cái huá)：才能、文采、文才。

⑫ 举止从容(jǔ zhǐ cóng róng)：姿态风度、举动等。从容，指人镇定、时间充裕或休息。

⑬ 推举(tuī jǔ)：推选，举荐，提名，支持（某人）到某个位置、职位或成为成员。

⑭ 孝廉(xiào lián)：统治阶级选拔人才的两个科目，始于汉代，亦指被推选的士人。孝，指孝悌(tì)者；廉，清廉之士。后来往往合为一科。

⑮ 理睬(lǐ cǎi)：搭理，对别人言行加以注意并表示态度。

⑯ 屡次(lǚ cì)：多次，一次又一次。

⑰ 聘请(pìn qǐng)：泛指邀请别人担任职务，最开始只是政府行为。

⑱ 推脱(tuī tuō)：推卸(xiè)、推辞、找理由拒绝、不接受。

1 的时代,社会太平安定,从王公贵族到一般官吏,没有不过度①奢侈②的。张衡于是模

2 仿③班固④的《两都赋⑤》写了《二京赋》,用以讽喻⑥规劝⑦当时的朝廷。这篇赋他精心

3 构思⑧,用了十年才完成。大将军邓骘认为他的才能出众,屡次想要聘请他任职,他

4 也不去应召⑨。

5 　　张衡心思细密,善于制造器械⑩,尤其在天文⑪、气象⑫和历法⑬的推算等方面非

6 常用心。汉安帝常听说他擅长⑭数学推理⑮方面的学问,于是特地⑯聘请他做官,并

7 封为郎中⑰。后来,又两次升职,担任了太史令⑱。于是,张衡就精心研究阴阳⑲之学

8 (包括天文、气象、历法诸种学问),并制作了测天文的仪器——浑天仪,还撰写⑳了

---

① 过度(guò dù):过头、过分、过火、超过限度。注意区分与"过渡"的不同之处。

② 奢侈(shē chǐ):挥霍(huò)钱财,铺张浪费,过分追求享受。奢,(城市里)家庭大、宅院多、排场大。侈,人多,即用人多、随从多。类似的词语还有奢华、奢靡、穷奢极欲。

③ 模仿(mó fǎng):按照某种现成的样子学着做。另有"摹",是照着书画、笔迹去写,俗话说的"依葫芦画瓢"就是这个意思。

④ 班固(Bān Gù):生于32年,卒于92年,东汉史学家班彪之子,字孟坚,扶风安陵(今陕西咸阳)人。班固继承父业,撰写了《汉书》,共一百篇,包括十二"纪"、八"表"、十"志"、七十"传",后人拆分为一百二十卷,《汉书》改了《史记》的体例,废除世家一体。班固也是东汉著名的辞赋家,著有《两都赋》《答宾戏》《幽通赋》等,后来张衡写《二京赋》、左思写《三都赋》,都受他的《两都赋》影响。

⑤ 赋(fù):中国古典文学的一种有韵文体,介于诗和散文之间,类似于后世的散文诗。侧重写景,借景抒情,讲究文采、韵律和节奏,经常使用排比、对偶的整齐句法。

⑥ 讽喻(fěng yù):用比喻进行讽刺、谴(qiǎn)责、启示、明理等。

⑦ 规劝(guī quàn):规诫劝勉,郑重地劝告、劝说、说服,使相信。可翻译为 persuade。

⑧ 构思(gòu sī):谋划,设想。特指作家、艺术家在孕育作品的过程中对内容和形式两方面所进行的思维活动。

⑨ 应召(yìng zhào):接受人的召唤或召见。

⑩ 器械(qì xiè):工具、材料、用具。

⑪ 天文(tiān wén):天体在宇宙间的分布、运行等现象。我们常用"天文地理"来泛指知识、学问。

⑫ 气象(qì xiàng):风、云、雨、雪、霜、露、虹、晕、闪电、打雷等一切大气的物理现象。也常指事物的情况、态势、气度、格局。

⑬ 历法(lì fǎ):推算年、月、日,并使其与相关天象对应的方法,是协调历年、历月、历日和回归年、朔(shuò)望月和太阳日的办法。

⑭ 擅长(shàn cháng):在某方面有特长,对某些东西比较精通,做起来比较得心应手。另有词语"擅于"和"善于",后者的程度低。

⑮ 推理(tuī lǐ):逻辑学(luó jí xué)名词,从已知的前提推出新的结论,可译为 reasoning。

⑯ 特地(tè dì):专门、特别、特意。

⑰ 郎中(láng zhōng):帝王侍从官的通称。其职责原为护卫、陪从,可随时建议,可出外作战。始于战国,隋唐迄(qì)清,各部皆设郎中,是尚书、侍郎之下的高级官员,清末始废。宋代开始,南方方言中也称医生为郎中。

⑱ 太史令(tài shǐ lìng):西周、春秋时太史负责记载史事,编写史书、起草文书,兼管国家典籍和天文历法等。秦汉时称太史令,魏晋以后,修史之职归著作郎,太史专管历法。隋改称太史监,唐改为太史局,宋有太史局、司天监、天文院等名称。元改称太史院,明清称钦(qīn)天监,修史之职归翰林院,故俗称翰林为太史。

⑲ 阴阳(yīn yáng):古人认为世间一切事物或现象都存在相互对立的阴阳两个方面,他们相互依存、不能单独存在,这是中国古人仰观俯察、取类比象,通过自然界中各种对立又相关联的现象,例如天地、日月、昼夜、寒暑、男女、上下等,以哲学的思维方式抽象归纳出的概念。

⑳ 撰写(zhuàn xiě):写作,尤其指根据自己的想法写大量的,并纂集成整体的文章。不同于一般的书写,也不同于一般的编写。

1　《灵宪》《算罔①论》等书籍，论述极其详尽。

2　　　汉顺帝初年，张衡前后两次调换②工作，担任了其他官职，后来又做回了太史令。

3　张衡不趋炎附势③，不溜须拍马④，所以他所担任的官职很多年都得不到提升。自他

4　从太史令的职位离任后，过了五年，又回到这个职位。

5　　　汉顺帝阳嘉元年⑤，张衡又制造了候风地动仪。这个地动仪是用纯铜铸造⑥的，

6　直径有八尺，上下两部分相合盖住，中央凸⑦起，样子像个大酒樽⑧。外面用篆⑨体文

7　字和山、龟、鸟、兽的图案装饰⑩。内部中央有根粗大的铜柱，铜柱的周围伸出八条滑

8　道，还装置着枢纽⑪，用来拨动⑫机件⑬。外面有八条龙。龙口各含一枚⑭铜丸，龙头

9　下面各有一个蛤蟆⑮，张着嘴巴，准备接住龙口吐出的铜丸。仪器的枢纽和机件制造

10　得很精巧，都隐藏在酒樽形的仪器中，覆⑯盖严密，没有一点儿缝隙⑰。如果发生地

11　震⑱，仪器外面的龙就震动⑲起来，机关⑳发动，龙口吐出铜丸，下面的蛤蟆就把它接

12　住。铜丸震击的声音清脆响亮，守候㉑机器的人就会得知发生了地震。地震发生时

---

① 罔(wǎng)：无，没有，不。

② 调换(diào huàn)：调动、更换，把不同位置的人或物品安置到新的位置上，或者把两个位置的人交叉置换，但性质
不变。也写作"掉换"。"调"还读 tiáo，可组词为"调和""调剂""调教""调侃""调解""调控"等。

③ 趋炎附势(qū yán fù shì)：奉承、依附、趋奉、阿附有权有势者。趋，奔走。炎，热，比喻权势。

④ 溜须拍马(liū xū pāi mǎ)：贬义词，对他人不切实际地夸大、"赞扬"，谄(chǎn)媚奉承，以博取对方的好感。这个
词原是由意思相近的"溜须"与"拍马"两个词所构成。

⑤ 元年(yuán nián)：初年，第一年。"元"的本义是头，引申为首位、首次、开始。

⑥ 铸造(zhù zào)：把金属加热熔化，倒入砂型或模子里，使凝固成为器物。

⑦ 凸(tū)：高出周围，与"凹(āo)"相对。词语"凸出""凸起"与"突出""突起"的不同在于，前者是形体外在的，后者主
要指在特征上比较特殊、优秀。

⑧ 酒樽(jiǔ zūn)：一种盛酒的容器。

⑨ 篆(zhuàn)：汉字字体名称。包括大篆、小篆，一般指小篆。基本特征是笔画粗细完全相同，行笔圆转，线条匀净，
字形修长，向下引伸。

⑩ 装饰(zhuāng shì)：点缀(zhuì)，装点。可以指一般人日常生活中的化妆打扮，也可以指起修饰美化作用的物品。

⑪ 枢纽(shū niǔ)：比喻事物的关键或相互联系的中心环节，也指重要的地点或事物关键之处。枢，门的转轴(zhóu)
或承轴曰(jiù)，也有转动地方的意思。纽，本义是绑束，后称系结用的带子为纽带。

⑫ 拨动(bō dòng)：手脚或棍棒等横着用力，使东西移动。

⑬ 机件(jī jiàn)：机器或枪械的部件。

⑭ 枚(méi)：量词，相当于"个"，多用于形体小的东西。

⑮ 蛤蟆(há ma)：蟾蜍(chán chú)，体表有许多疙瘩，能分泌黏液，俗称癞蛤蟆，是两栖动物，吃昆虫、蜗牛等小动物。
有些地方也将青蛙称作蛤蟆。

⑯ 覆(fù)：本义为翻转、倾覆，引申为遮盖、蒙的意思。

⑰ 缝隙(fèng xì)：裂开的狭长的空处。

⑱ 地震(dì zhèn)：地球局部的震动或颤动，伴有造山运动或其他地壳运动。

⑲ 震动(zhèn dòng)：受到外力影响而颤动，通常是指体积较为庞大的物体发生的短时间的偶尔一次或几次间断式
的震动。注意不同于"振动"，振动具有规律性和周期性，通常是指体积较小的物体，能持续一段时间的、机械式的
连续的往复振动。"振"用于抽象的事物时，有激励、鼓动、鼓舞、振奋的意思。

⑳ 机关(jī guān)：控制整个机械的关键部分。另外指占用行政编制的机构，如权力机关、审判机关。

㉑ 守候(shǒu hòu)：守卫，等候，看护。

1　只有对着地震方位①的那条龙的机关会发动,另外七个龙头丝毫②不动。按照震动

2　的龙头所指的方向去寻找,就能知道地震的方位。用实际发生的地震来检验③仪器,

3　彼此④完全相符⑤,真是灵验⑥如神呐! 从古籍⑦的记载中,还不曾看到有这样的仪

4　器。有一次,面朝洛阳的一条龙的机关发动了,可是洛阳地区却并没有感到地震,京

5　城的学者都疑惑⑧地动仪这一次为什么没有应验。然而几天后,驿站⑨上传送文书⑩

6　的人来了,证明在陇西⑪地区果然发生了地震,大家这才都叹服⑫地动仪的绝妙。从

7　此以后,朝廷就责令⑬史官根据地动仪来记载每次地震发生的方位。

8　　　当时政治昏暗⑭,中央权力向下转移,于是张衡给皇帝上书陈述⑮这些事。后来

9　被升为侍中⑯,皇帝让他进皇宫,在皇帝左右,对国家的政事提意见。有一次,皇帝问

10　张衡天下人痛恨谁,宦官们⑰害怕张衡说出他们,于是都给他使眼色⑱,张衡那一次

11　便没有对皇帝说实话。从此,那些宦官害怕张衡成为心腹大患⑲,于是一起诋毁他、

12　诽谤他。张衡常常思考自身的安危问题。他认为福祸相互影响和转化,道理很深

13　奥⑳,不容易看清,于是他写了一篇《思玄赋》来表达和寄托㉑自己的情思。

---

① 方位(fāng wèi):方向与位置。

② 丝毫(sī háo):一点点,些微,比喻数量极少或程度很低。

③ 检验(jiǎn yàn):检查并验证。在科学研究中也指检查试验,或者是为了确定某一物质的性质、特征、组成等,或者是根据一定的要求和标准来看对象品质的优良程度。

④ 彼此(bǐ cǐ):对称(chēng)词。指你我,双方,那个和这个。

⑤ 相符(xiāng fú):相合,符合,彼此一致。

⑥ 灵验(líng yàn):预言能够应验,一种神奇的效应。

⑦ 古籍(gǔ jí):古代流传下来的书籍,可供后人研究、参考。

⑧ 疑惑(yí huò):不相信,不理解,有疑心,迷乱,困惑。

⑨ 驿站(yì zhàn):古代官员来往、运输、传递文书等中途暂时休息、住宿的地方。

⑩ 文书(wén shū):指公文、书信、契(qì)约等。

⑪ 陇西(lǒng xī):古代辖区甚广,一度包括今天甘肃的天水、兰州等地区。河西走廊和丝绸之路都经过陇西。因其地处黄土高原,地势险要,易守难攻,自古就是兵家必争之地。

⑫ 叹服(tàn fú):赞叹而且佩服。

⑬ 责令(zé lìng):指定人或机构办理某事,要求负责完成。语义色彩强势,相比较而言,"责成"更加偏中性。

⑭ 昏暗(hūn àn):光线微弱,不太明亮。也可用来描述时代、时期。

⑮ 陈述(chén shù):有条有理地表达。

⑯ 侍中(shì zhōng):古代职官名。秦朝始置,为正规官职外的加官之一。因侍从皇帝左右,出入宫廷,逐渐变得重要。晋代以后曾相当于宰相。隋代时因为避讳改称纳言,又称侍内。唐代恢复称法,是门下省的长官,乃宰相之职。南宋废除。

⑰ 宦官(huàn guān):阉(yān)割后失去男性生殖功能之人,在宫中侍奉皇帝及其家族。也称阉(奄)人、奄寺、阉宦、宦者、中官、内官、内臣、内侍、内监、太监等。宦官因与皇室接近而关系密切,故历史上常造成宦官专权的局面。要注意与"官宦"的不同。

⑱ 眼色(yǎn sè):眨(zhǎ)眼示意,常用来表达命令、指挥、劝告或邀请。也指脸色。

⑲ 心腹大患(xīn fù dà huàn):极大的祸害,严重的隐患,或要害部门的大患。同"心腹重患"。

⑳ 深奥(shēn ào):高深,不易理解,不够通俗;幽深隐秘。

㉑ 寄托(jì tuō):将理想、希望、感情等放在或托付在某人、某事或某物上。

1 汉顺帝永和初年,张衡调离京城,担任河间王的相。当时河间王骄横奢侈,不遵

2 守制度法令,连同许多豪门大户一起胡作非为①。张衡上任之后治理严厉,整饬②法

3 令制度,暗中查探这些人的姓名,然后快速出击,同时逮捕和拘押③了一批。张衡在

4 河间相位上任职三年后,给朝廷上书,请求辞④官回家。但朝廷又任命他为尚书⑤。

5 张衡活了六十二岁,于永和四年去世。

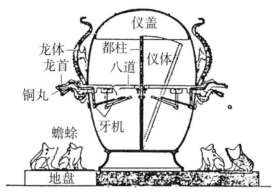

地动仪结构图

6 **编者按语**

7 中国是一个拥有数千年文化的文明古国、科技大国。古代的科学技术成就斐然,有

8 些远播世界,有些则消失在历史长河里。张衡生活的汉代,科学技术已经有了长足的进

9 步。比如,这时天文学已经形成体系,有盖天、浑天和宣夜三家。"盖天"说以《周髀(bì)

10 算经》为代表,认为天圆地方,天在上,像伞盖,地在下,像棋盘,是一种旧的传统说法。

11 "宣夜"派认为天体由元气构成。"浑天"说比较进步些,认为天地都是圆的,天在外,像

12 鸡蛋壳,地在内,像鸡蛋黄;这种说法虽然也不完全正确,但比较接近实际。浑天派最突

13 出的代表者、卓越⑥的发明家张衡指出,日有光,月没有光,月光是反射太阳的光形成的。

14 所以向日则光盈⑦,背日则光尽。他还推测月食是地球遮蔽的结果,并且认识到宇宙的

15 无限性和行星运动的快慢与距离地球远近的关系。他还绘制了一部星图,叫《灵宪图》,

16 创制了许多重要的天文仪器,以及指南车、自动计算道路里程的鼓车、飞行数里的木

17 鸟等。

---

① 胡作非为(hú zuò fēi wéi):不顾法纪或舆(yú)论,任意胡来,毫无顾忌地做坏事。胡,乱。非,不对。

② 整饬(zhěng chì):整顿使整齐有序、有条理,也指端庄、严谨。可以搭配为整饬纪律、整饬吏治等。

③ 拘押(jū yā):拘禁,扣押。可译为 arrest。

④ 辞(cí):不接受,推脱,请求离去。本义是指诉讼,打官司。又与"词"相通。

⑤ 尚书(shàng shū):中国古代官名,掌管文书奏章。始置于战国时。另有典籍《尚书》。

⑥ 卓越(zhuó yuè):高超出众,杰出的,超出一般的。

⑦ 盈(yíng):充满,盛满。

浑天仪是铜铸的,内外有几层圆圈,都可转动。各层圆圈分别刻有赤道、黄道、南北极、二十四节气①、二十八列宿②,以及日月星辰的位置,凡张衡所知道的天文现象都刻在上面。为了使浑天仪能自己转动,张衡又设计了一个"滴漏",作为浑天仪的动力。浑天仪被滴漏带动,它转动时恰好③与天空中日月星辰的起落时间完全吻合。可惜这座精巧的浑天仪在西晋战乱中失传了。留下来的只有《浑天仪图注》和《漏水转浑天仪注》两份说明书的部分说明。

重点词汇

五经　六艺　游学

阴阳　历法

机关　枢纽

趋炎附势　溜须拍马　诋毁　诽谤

语法偏误

在描写或介绍一个人的时候,我们经常使用形容词,例如:张衡是一个刻苦的人、聪明的人、从容的人。但对于留学生来说,形容词的掌握是一大难点。因为在所有的词类中,形容词的构成方式最复杂。

形容词构成方式有四种:单音节、一般的双音节、带词缀、复合形容词(名词或动词语素搭配形容词语素)。

一般形容词都可以用作主、谓、宾、定、状、补,大部分还可以受程度副词修饰。但是有一部分只能修饰名词作定语(可称作非谓形容词或区别词,例如:初级、男式、高速、大型、慢性等),另外有少数形容词如"多、少、够"等,一般只能作谓语、补语。需要注意,非谓形容词表示否定时,一般要用"非"而不是"不",多数不能用"很"修饰。

按照表达功能,形容词可以分为性质形容词和状态形容词。性质形容词表示性质或属性。例如:高、低、漂亮、老实。状态形容词表示状态,带有明显的描写性,例如:冰凉、雪白、超级、干干净净、孤零零。

状态形容词有五类:

(1) A + 双音节重叠后缀:如暖洋洋、绿油油,第一个语素表示基本意义。

(2) 表程度的语素 + 形容词:如雪白、笔直、墨绿、血红等。

(3) AA/AABB/ABAB类重叠式:如长长(的)、清清楚楚、煞白煞白。

(4) 带贬义的双音节形容词部分重叠后再加中缀"里":如傻里傻气、糊里糊涂、马里马虎。

---

① 节气(jié qì):根据太阳的位置,在一年的时间中定出二十四个点,每一点叫一个节气。通常也指每一点所在的那一天。

② 宿(xiù):星座。另读作 sù 时,意为住、夜里睡觉。

③ 恰好(qià hǎo):正好、正巧、刚好。意思相近的还有"恰恰""恰如"。

（5）形容词＋三音节后缀"不/了/里××"：如灰里叭叽、黑不溜秋、酸不溜丢、绿了叭叽、黑咕隆咚。

这里有几点需要注意。

首先是 AA 式重叠，在口语中一部分单音节形容词重叠后，第二个音节可以儿化，发阴平并且是重音所在，例如，远远儿、慢慢儿。但在正式场合或朗诵书面语文字时，重叠的音节则不儿化，也不变调。

其次是 AABB 式，在口语中第二个音节可念轻声，第三、四个音节发阴平，第四个音节需要儿化且读重音。但是在庄重场合，第一个音节重读，第二音节为轻声，第三四音节正常。

最后是"A 里 AB"式，这类词往往含有厌恶、轻蔑的意味，且基本上是贬义词。

课堂练习

1. 判断：张衡不喜欢与世俗之人交往，因为他的才华比一般人高。（　　　）

2. 填空：请写出一个（项）中国古代的科技成就（课文中提到的除外）_____，请写出一个描述古代丝织品或纺织技术的词_____。

3. 选择：从下列四个词语中选出意义不同于其他三个的一项_____。

    A. 过度   B. 过分

    C. 过渡   D. 过头

4. 选择：1982 年以后，中国宪法规定全国人民代表大会常务委员会委员长连续任职满两届后就应该_____。

    A. 就职   B. 上岗

    C. 卸任   D. 聘请

5. 选择：课文中提到了张衡的_____。

    A. 卓越的文学才华   B. 杰出的政治才干

    C. 辉煌的科学成就   D. 可贵的精神品格

6. 选择：下列事物与张衡关系有密切的有_____。

    A. 五禽戏   B. 浑天仪   C. 八卦图   D. 地球仪

    E. 指南针   F. 造纸术

7. 简答：合上课本，请描述一下地动仪的工作原理。

_____

_____

_____

课后思考

1. 张衡早年就显露出超人的才华和能力，但他却屡屡拒绝朝廷的奖励和官位，这是因为他讨厌朝廷吗？为什么？

2. 天文、历法、数学、医学、地理、火药、造纸、印刷、纺织、陶瓷、冶铸、建筑等中国人引以为豪的发明创造无不带有鲜明的实用烙印。举证分析这一特点的成因。

延伸阅读

《图解天工开物》/《天工开物》（〔明〕宋应星）

《东西方的科学与社会》（〔英〕李约瑟）

第11课 "医圣"华佗

（根据陈寿《三国志^①·华佗传》改编）

华佗^②，字元化，是沛国^③谯（qiáo）县人，又名敷。华佗早年离开家乡到徐州地区求学，通晓^④数种经书（指《诗》《书》《易》《春秋》等儒家经典）。沛国的相国陈珪推荐^⑤他为孝廉，太尉黄琬也想聘用他，但都被拒绝了。华佗懂得养生的方法，当时的人们认为他年龄将近一百岁，可从外表看上去还像青壮年。他精通医术，在治病时，配制汤药^⑥不过是用几味^⑦药，心里明了^⑧药物的分量、比例，用不着再称量，把药煮熟就让病人服^⑨下，告诉病人服药的禁忌^⑩及注意事项，华佗离开后，病就痊愈^⑪了。如果需要灸疗^⑫，也不过一两个穴位^⑬，每个穴位不过烧灸七、八根艾^⑭条，药到病除。如果需要针疗^⑮，也不过扎^⑯一两个穴位，下针时对病人说："针刺的感觉应当延伸到

---

① 三国志（sān guó zhì）：西晋陈寿所著，是记载中国三国时代历史的断代史，"前四史"之一。陈寿曾任职于蜀汉，蜀汉灭亡之后被征入洛阳，在西晋也担任了著作郎的职务。《三国志》在此之前已有草稿，当时魏、吴两国已经有了史书，如王沈的《魏书》、鱼豢（huàn）的《魏略》、韦昭的《吴书》，这三部书是陈寿依据的基本材料，但蜀国没有史书可以借鉴，所以只能自行采集，仅得十五卷。因此《三国志》是三国分立时期结束后，文化重新整合的产物。《三国志》最早以《魏志》《吴志》《蜀志》三书单独流传，至北宋时已合为一书了。元明之际，罗贯中在民间传说、话本、戏曲的基础上，依据陈寿《三国志》和裴松之注的正史材料，写成了《三国志通俗演义》，又名《三国演义》。《三国演义》中的历史事件和人物，有"七实三虚"之说。

② 华佗（Huà Tuó）：生于约公元145年，卒于208年，擅长外科，精通内、妇、儿、针灸各科。华佗被后人称为"外科圣手""外科鼻祖"。今天医术杰出的医生也被称为"华佗再世""元化重生"等。

③ 沛国（pèi guó）：西汉的开国皇帝刘邦是该地北部沛县人氏，汉朝建立后将其改名为沛郡，东汉时改为沛国，三国曹魏的缔造者曹操是沛国西部的谯县人氏。

④ 通晓（tōng xiǎo）：精通，完全掌握，透彻地了解。

⑤ 推荐（tuī jiàn）：推举，介绍人或事物希望被任用或接受。

⑥ 汤药（tāng yào）：用水煎服的中药。

⑦ 味（wèi）：量词，指中草药的一种。

⑧ 明了（míng liǎo）：知晓，清楚，懂得。

⑨ 服（fú）：吃（药）。另有衣裳、担任、顺从、习惯等意思。

⑩ 禁忌（jìn jì）：这里指医药上应避免的事物。另指禁止或忌讳的言行。

⑪ 痊愈（quán yù）：病除，病愈，病后恢复健康。痊，病好了，恢复健康。

⑫ 灸疗（jiǔ liáo）：和后面的"针疗"合称"针灸"。方法是把燃烧着的艾绒（由艾叶经过反复暴晒、捶打、粉碎、筛除杂质、粉尘，而得到的软细如棉的东西），对穴位的皮肤表面，加以小火烧灼，利用热刺激来治病。这是中国医学的宝贵遗产。

⑬ 穴位（xué wèi）：俗称"穴道"。中医指人体可以进行针灸的部位。

⑭ 艾（ài）：多年生草本植物，嫩叶可食，老叶制成绒，供针灸用。

⑮ 针疗（zhēn liáo）：用针灸治疗疾病。方法是用特制的金属针，按一定穴位刺入患者体内，以达到治病的目的。

⑯ 扎（zhā）：刺，钻。其他义项还有捆束、驻扎等。

1　某处，如果到了，告诉我。"当病人说"已经到了"，华佗便立即起针，病痛很快就消失
2　了。如果病患郁积①在体内，扎针吃药都不能奏效②，而只能剖③开身体割④去的，那
3　就服用他配制的"麻沸散⑤"。一会儿病人便如醉死一样，毫无⑥知觉⑦。于是开刀后
4　取出结积⑧物。病患如果在肠中，就割除肠子患病的部位，清洗伤口及感染⑨部位，缝
5　合⑩刀口用药膏敷上。四五天后，病就好了，也不再疼痛，一个月之内，伤口便不知不
6　觉地愈合复原了。

7　　　县吏尹(yǐn)世，手和脚燥⑪热，口中干燥，不想听到人声，小便不顺畅⑫。华佗
8　说："试着吃烫⑬的食物，发汗⑭则痊愈；不出汗，三日内必亡。"尹世苦立即吃了许多烫
9　的食物，但却不出汗，华佗说："您的五脏⑮的元气已断绝在体内了，病入膏肓⑯，看来
10　最终只能呼叫哭泣着死亡。"果然如华佗所言。

11　　　郡守⑰府中的官吏倪(ní)寻、李延同时来就诊⑱。二人均头痛发烧，病痛的症状⑲
12　完全相同。华佗却说："倪寻应该把病泻⑳下来，李延应当发汗。"有人对这两种不同
13　的治疗方案提出疑问。华佗回答道："倪寻是外实症，李延是内实症，所以治疗他们
14　的方法应当不同。"

---

① 郁积(yù jī)：指忧郁愤懑(fèn mèn)积聚于心。
② 奏效(zòu xiào)：取得成效，见效，收效，成功。
③ 剖(pōu)：破开。
④ 割(gē)：切断，截(jié)下，划分出来。
⑤ 麻沸散(má fèi sǎn)：华佗创制的用于外科手术的麻醉药，是世界上最早的麻醉剂，比西方早1600多年。
⑥ 毫无(háo wú)：一点也不，毫不，丝毫没有。注意"毫无生气"与"毫不生气"意思的不同，皆在于"生气"的意思不同，前者是指生命力，后者是指情绪。
⑦ 知觉(zhī jué)：感觉。知觉还指感性认识、觉察、领会、会意。
⑧ 结积(jié jī)：凝结沉积。
⑨ 感染(gǎn rǎn)：病原体(pathogens)从有病的生物体侵入别的生物体。也指通过语言或行动引起他人相同的思想感情和行为。还可以指受到别人思想、行为的影响。
⑩ 缝合(féng hé)：用针线把某物连在一起。也指外科手术中把伤口用特制的针和线缝上。
⑪ 燥(zào)：干，缺少水分，词语有"干燥""燥热"。与"躁"不同，"躁"指性子急、不冷静。
⑫ 顺畅(shùn chàng)：顺利，通畅，没有障碍(zhàng ài)和阻碍。
⑬ 烫(tàng)：温度高，皮肤接触温度高的物体感觉疼痛。或者指利用开水等使物体发生变化。
⑭ 发汗(fā hàn)：用药物等方式让身体出汗。
⑮ 五脏(wǔ zàng)：指心、肝、脾(pí)、肺、肾五种器官。常和"六腑"一起使用。"六腑"是胆、胃、小肠、大肠、膀胱(páng guāng)、三焦的总称。
⑯ 病入膏肓(bìng rù gāo huāng)：病情特别严重，无法救治，也比喻事态已发展到不可挽回的地步。古人把心尖脂肪叫"膏"，心脏与膈膜之间叫"肓"。
⑰ 郡守(jùn shǒu)：官名。秦始皇设置郡县，郡守就是一郡之中最高的行政首长。汉景帝时更名为太守。
⑱ 就诊(jiù zhěn)：到医生那里接受治疗，就医。"就"在这里的意思是到、从事、开始进入，又如"就业""就职"。
⑲ 病状(bìng zhuàng)：疾病表现出来的征象。
⑳ 泻(xiè)：腹泻，排泄，排出稀屎。也指水流得很快、很急。与"泄(xiè)"不同，"泄"是液体或气体流出，以及泄露、发泄。

1　　华佗的精湛①医术，大都如此。然而，他本是读书人，后来学习医术以养活自己，
2　这使他心里常常懊悔②。丞相曹操南征北战、操劳国事，身染疾病，每况愈下。华佗
3　说："此病很难治好，若是不断地进行治疗，或许可以延长一些寿命。"华佗因思念故
4　乡，便请假回了老家一趟③。一直以来，华佗厌恶看人脸色行事，便以各种借口推脱，
5　不返回曹操身边。曹操便派人把华佗捉进监狱，严刑拷打。大臣替华佗求情，曹操
6　说："天下会没有这种无能鼠辈④吗？"最终华佗在酷刑之下死去。临死前，他把可以
7　起死回生的医书托付给狱卒⑤，但狱吏胆小如鼠，拒绝了。华佗也不勉强，把书付之
8　一炬⑥。华佗死后，曹操脑神经痛的毛病一直发作。但曹操依然嘴硬说："华佗能治
9　好我的病，却有意拖延，无非⑦是想借这种做法抬⑧高自己的名望⑨。即使他不死，他
10　也终究不会替我根治的。"直到后来他的爱子仓舒（曹冲的字）病危，曹操才后悔杀了
11　华佗。

12　　当初，军中小吏李成苦于咳嗽，口吐脓⑩血。华佗把脉⑪说："您气虚偏冷。我给
13　您一些药和药末，您服药后一年便能康复。但十八年后应该还会发作一次，继续服
14　用药末，无药必死。"大约五六年后，李成的亲戚⑫也得了此病，亲戚说："我以前碰到
15　的都是庸医⑬，你忍心看我遭殃⑭吗？你先给我药末，待我痊愈后再向华佗求药奉
16　还⑮给你，如何？"李成于是将药末都给了这位亲戚。后来华佗死去，李成果真旧病复
17　发，最终无药可服而死。

18　　华佗对弟子吴普说："人的身体理应需要运动，只要不至疲惫就好。只有运动，

---

① 精湛(jīng zhàn)：精深、精熟、深通，某种技艺十分熟练、娴熟。
② 懊悔(ào huǐ)：因过错、失误等原因让自己生气或恨自己。中国封建社会中医生属于"方技"，被视为"贱业"，所以华佗时常懊悔。
③ 趟(tàng)：遍、次，专指走动或往返的次数。
④ 鼠辈(shǔ bèi)：对他人的蔑(miè)称，意思是低微下贱、行为不正或无足轻重的人，是骂人的话。
⑤ 狱卒(yù zú)：中国古代的监狱警察，是看管囚(qiú)犯的差役(chāi yì)。
⑥ 付之一炬(fù zhī yí jù)：一把火（把它）烧掉。付，交给。之，它。炬，火把。
⑦ 无非(wú fēi)：不外(乎)，没别的，无一不是。
⑧ 抬(tái)：举，提高。但词语"抬举"意思就不同了，指的是看重某人而加以称赞、推荐、提拔或培养。而"不识抬举"则指不懂得别人对自己的好意。
⑨ 名望(míng wàng)：名誉(yù)、名声、威望、声望。
⑩ 脓(nóng)：疮口流出来的黄白色汁液，是死亡的白细胞、细菌及脂肪(zhī fáng)等的混合物。
⑪ 把脉(bǎ mài)：中医术语，按脉，诊脉，方法是用手按病人的动脉，根据脉象来了解疾病内在变化的诊断方法。下文的"切脉""号脉"同义。
⑫ 亲戚(qīn qi)：有血缘或婚姻关系的亲人。
⑬ 庸医(yōng yī)：医术不高明的医生。"庸"字主要的意思是平常、平凡、不高明，词语有庸俗、平庸、庸庸碌碌等。
⑭ 遭殃(zāo yāng)：遇到麻烦，碰到困难，遭遇灾祸。偏旁"歹"的意思是坏、恶、不好，因此由它构成的汉字，大多数表示不好、不幸等，例如死、歼、殁(mò)、残、殂(cú)、殆、殓(liàn)、殡。
⑮ 奉还(fèng huán)：送还、归还，是敬辞。"奉"字常用的义项是恭敬地用手捧着。

1 养分才能消化①,血脉环流通畅,病就不会发生,如同门户的转轴部分因转动而不会

2 腐朽一样。因此古时的仙人常做'气功②'之类的锻炼,模仿③熊悬挂树枝和鹰转头顾

3 盼④活动各个关节,以求不易衰老。我有一种锻炼方法,叫作'五禽戏',即虎戏、鹿戏、

4 熊戏、猿戏、鸟戏。它可以用来防治疾病,使腿脚轻便利索⑤,也可以当作导引之术。"

5 吴普施行⑥这种方法锻炼,年纪到九十多岁时,听力和视力都很好,牙齿完整而牢固。

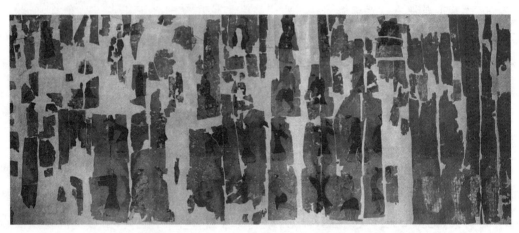

1973年湖南长沙马王堆3号汉墓出土《导引图》,湖南省博物馆藏

6 **编者按语**

7 　　德国启蒙思想家赫尔德尔(Herder)在其名著《人类历史哲学概要》中谈到,文化是

8 有明显的边界的,作为一个特定区域的文化,它总是明显区别于其他区域的文化。这一

9 点放在中国传统医学上十分贴切。

10 　　中医也称为汉医,一般是指中国汉族(广义)自古至今创造发展出来的医学,在汉字

11 文化圈国家中影响深远,如日本汉方医学、韩国韩医学、朝鲜高丽医学、越南东医学等都

12 是以中医为基础发展起来的。

13 　　中医以中国古代阴阳五行学说作为理论基础,认为人体是由形、神、气构成的统一

14 体。中医一般通过"望、闻、问、切"进行综合诊断,进而推求发病原因,尤其重视人体内

15 五脏六腑、七窍八孔、经络穴位、关节筋骨、气血津液的变化。中医往往以辨证施治原

---

①　消化(xiāo huà):食物在体内被分解和吸收。生理医学的定义是动物或人的消化器官把食物变成可以被肌体吸
　　收养料的过程。也比喻理解、吸收所学的知识。

②　气功(qì gōng):一种锻炼身体、防治疾病的方法,方式是入静和调节呼吸。它源于古代的吐纳导引。

③　模仿(mó fǎng):仿效照做。

④　顾盼(gù pàn):观看,向两旁或周围看来看去,也可以说左顾右盼。

⑤　利索(lì suo):利落,言语、动作灵活敏捷;把事物整理得条理有序;或者做事情速度比较快,并且没有后顾之忧。

⑥　施行(shī xíng):执行,实施。可译为execute、carry out。今天一般指方针政策等从某一天发生效力。"施行"不同
　　于"实行"。"施行"表示按照某种方式或办法去做,内容更为具体,如"施行手术";"实行"表示用行动来实现(纲
　　领、政策、计划等),内容较抽象,如"实行改革"。

1 则,采取"汗、吐、下、和、温、清、补、消"等疗法,并采用中药、针灸、拔罐、推拿、按摩、气
2 功、食疗等多种治疗手段,使人体达到阴阳调和,最终复原。

3 　　数千年中医发展史,涌现出无数名医。世所共知的有上古时代尝百草的神农氏(炎
4 帝)、被称为"医祖"的扁鹊(典故"扁鹊见蔡桓公")、被称为"外科鼻祖"的"神医"华佗、著
5 有《伤寒杂病论》的"医圣"张仲景、被封为"药王"的孙思邈、著成《本草纲目》的"药圣"李
6 时珍等。

7 　　然而在科学技术越来越昌明的现代,中医是否是科学这一争论甚嚣(xiāo)尘上。
8 早在清代,接受西医学说的王宏翰(? —1700?)就已经发起了中医的存废之争。鲁迅等
9 现代文人也曾质疑中医"不过是一种有意或无意的骗子"。中医之所以备受争议,是因
10 为其与中国古代自然哲学(阴阳五行、天人合一等)水乳交融,在对人体的认知上则存在
11 灵活性和模糊性的特点。

12 　　不仅如此,面对中西医学的异质性,中医在全球一体化和中华文化国际化的过程中
13 遇到了前所未有的压力。这不禁让人想到2001年的一部电影《刮痧》。这部电影中表
14 现出的中医文化在西方世界受到的冲击,体现出文化的传播和维护具有两面性,尤其是
15 当外来文化对本土文化模式产生破坏的时候,本土文化会限制不同文化圈之间的交流
16 和沟通。但不可否认的是,中医在中华文明数千年的历史长河中发挥着举足轻重的作
17 用,其存在的价值不容置疑。

18 **重点词汇**

19 　　养生　精通　精湛　五禽戏
20 　　服　灸
21 　　穴位　脉
22 　　五行　气虚
23 　　病入膏肓

24 **语法偏误**

25 　　日常交际中恰当地使用形容词可以帮助我们更好地传情达意。这里探讨一下词义
26 相近的形容词偏误的情况。可以从"词法"和"句法"两个角度来看。

27 　　首先,词义相近的形容词词法偏误。例如:郡守准备了丰盛的宴席。留学生往往将
28 "丰盛"替换作"丰富"。虽然这两个词都是种类充足的意思,但是他们搭配词语的范围
29 是不同的。"丰盛"搭配食物是合适的,但"丰富"多指资源、感情等,一般不用于食物。
30 当然,对他们来说"丰富"更容易记忆。

31 　　其次,词义相近的形容词句法偏误。又可以分为5小类。

32 　　(1)修饰谓词性成分的偏误。

33 　　如"华佗批评了病人大量吃药的做法",留学生在口语中往往会用"许多"替换"大
34 量",虽然它们都表示数量多,并且可以搭配名词,但"许多"这个形容词不能在句子当中

1　修饰谓词性的成分。

2　　（2）修饰名词性成分的偏误。

3　　有一部分形容词可以修饰谓词性的成分，但是它们在修饰名词性成分的时候却受

4　到限制。如"曹操给华佗下了一条明确的命令"，留学生可能会用"确实"代替"明确"。

5　虽然"确实"既有形容词也有副词的用法，但是作为形容词，并且意思是"确定"的时侯，

6　"确实"是不能修饰名词性成分的。

7　　（3）作谓语时的偏误。

8　　形容词一般是不可以作谓语的。例如：今天晚上邻居吃了红烧肉，我家也一样。在

9　这个句子中，后面半句是缺失了谓语的，部分留学生将"一样"误用为"同样"，虽然"同

10　样"可以作状语，但是在这句话里却不合适。

11　　（4）作宾语时的偏误。

12　　一部分形容词可以作宾语成分。如"华佗的医学成就为中国的医学事业发展带来

13　诸多便利"。留学生可能会用"有利"代替"便利"。虽然"有利"可以作谓语、定语甚至宾

14　语成分（如"看起来有利"），但是作宾语要取决于形容词前面的动词，所以在本例句中，

15　"有利"是不可以作宾语成分的。

16　　（5）形容词与副词搭配偏误。

17　　状态形容词前面一般不能加"很"等程度副词，也不能加"不"等，性质形容词则可

18　以。但是性质形容词中实际上存在部分不可以和副词搭配的情况，比如"良好"的使用。

19　"这是病人的最好选择""两个治疗方案实行起来都很好""以免怀孕期间有不好的生理

20　反应"。三个句子中的"最好""很好""不好"都不可以被"良好"替换。

课堂练习

21

22　1. 判断：曹操因为华佗治不好自己的神经痛，一怒之下把他杀了。（　　　）

23　2. 填空：(1)从"五脏六腑""肝胆相照""肠胃""臂膀"等字词可以看出这类字中的"月"

24　　字旁与＿＿＿＿＿＿＿＿＿有关（由＿＿＿＿＿演变而来）。

25　3. 填空：写出下列词语的反义词。

26　　A. 庸医——（　　　）　　　　B. 虚症——（　　　）　　　　C. 阳气——（　　　）

27　4. 选择：能用于括号内的词语有＿＿＿＿＿。

28　"待学习完《张衡传》，（　　　）了解一下中国古代的其他科学家。"

29　　A. 继而　　　　　　　　　　　　B. 接着

30　　C. 然后　　　　　　　　　　　　D. 之后

31　5. 连线：请用直线将左右两列可以搭配的词语连接起来，每个词语限用一次。

32　　制度　　　　　　　腐朽

33　　文人　　　　　　　腐败

34　　伤口　　　　　　　迂腐

35　　官吏　　　　　　　腐烂

1　6. 简答：读完课文，你是否发现华佗给人治病的方法和今天的西医有本质的不同？是
2　否觉得中医文化博大精深？

_____

_____

_____

3　**课后思考**

4　1. 请阅读相关中医文献，谈谈其中反映的阴阳五行学说或辩证思维观念。

5　2. 谈谈你对当今科技发展影响人类文明进程的看法。

6　**延伸阅读**

7　　《三国演义》第十五回《太史慈酣斗小霸王，孙伯符大战严白虎》（华佗医周泰）、第七
8　十五回《关云长刮骨疗毒，吕子明白衣渡江》（关羽刮骨疗毒）、第七十八回《治风疾神医
9　身死，传遗命奸雄数终》（曹操杀华佗）

10　　《国学堂·重新发现中医太美》（徐文兵对话梁冬）

11　　《人体使用手册》（吴清忠）

1 ## 第 12 课　十二月花名

2 （传统民歌）

3 正月里来是新春①，家家户户点红灯，别家丈夫团团圆，孟姜女丈夫造长城。

4 二月里来暖洋洋②，双双燕子到南阳，新窝做得端端正，对对成双在华梁。

5 三月里来正清明③，桃红柳绿百草青，家家坟头飘白纸，孟姜女坟上冷清清。

6 四月里来养蚕④忙，姑嫂俩人去采桑，桑篮挂在桑树上，抹把眼泪采把桑。

7 五月里来是黄梅⑤，黄梅发水泪满脸，家家田内稻秧插，孟姜女田中是草堆。

8 六月里来热难挡，蚊子飞来叮胸膛，宁可吃我千口血，不可叮我亲夫郎。

9 七月里来七秋凉，家家窗下做衣裳⑥，蓝红绿白都做到，孟姜女家中是空箱。

10 八月里来雁门⑦开，花雁竹下带书来，闲人只说闲人话，哪有亲人送衣来。

11 九月里来是重阳⑧，重阳老酒菊花香，满满酒来我不饮，无夫饮酒不成双。

12 十月里来稻上场，牵笼做米成官粮，家家都有官粮积，孟姜女家中空思想。

13 十一月里雪花飞，孟姜女出外送寒衣，前面乌鸦来引路，范杞良长城冷清清。

14 十二月里过年忙，杀猪宰⑨羊闹盈盈，家家都有猪羊杀，孟姜女家中空荡荡。

15 **赏析：**

16 民歌是某一民族创作的带有自己民族风格和民族传统的歌曲，大部分民歌以口耳

17 相传的方式流传至今，其作者往往不可考证。民歌的特点是表达劳动人民的思想、感

---

① 新春(xīn chūn)：初春，早春。尤指春节过后的一二十天。

② 暖洋洋(nuǎn yáng yáng)：温暖、舒适。"洋洋"由众多、广大等意思，引申为表示"……的样子"。"AB＋洋洋"的结构很常见，如喜气洋洋、懒洋洋。

③ 清明(qīng míng)：中国的二十四节气之一，也是传统节日，一般是 4 月 4 日、5 日或 6 日。在节日里人们扫墓并向逝者供献祭品。唐代杜牧《清明》诗云："清明时节雨纷纷，路上行人欲断魂。"

④ 蚕(cán)：昆虫，分为"家蚕"和"柞(zuò)蚕"，"家蚕"吃桑叶，吐丝做茧，丝可织绸缎。"柞蚕"吃柞树叶，丝可织茧绸。

⑤ 黄梅(huáng méi)：春末夏初，梅子成熟的季节。此时江南一带雨水极多，空气潮湿，衣物极易发霉。

⑥ 衣裳(yī shang)：古时"衣"指上身穿的衣服，"裳"指下身穿的裙子。后来也泛指衣服。

⑦ 雁门(yàn mén)：雁门位于山西代县，另一边是山阴县广武城南的咽喉要道。东临隆岭、雁门山，西靠隆山，两山像两扇门一样相对而立，每年大雁往返飞过此地，故称雁门。

⑧ 重阳(chóng yáng)：中国传统节日，在每年农历九月初九。旧时在这一天有登高、赏菊、饮酒的风俗。现又定重阳节为老人节。

⑨ 宰(zǎi)：杀牲畜。也指分割疆土、主宰。从汉字形体结构分析，"宀"表屋子，"辛"是奴隶或罪人，此字本义是充当家奴的罪人。后来变成古代官吏的通称，又指辅佐国君执政的百官之长。

1 情、意志、要求和愿望,具有强烈的现实性。

2 　　《诗经》之后,汉乐府是古代民歌的又一次大汇集。它第一次具体而深入地反映了
3 社会下层民众日常生活的艰难与痛苦。比如对战争的控诉"十五从军征,八十始得归",
4 对爱情与离别的感伤"山无棱……天地合,乃敢与君绝"等。汉乐府诗《孔雀东南飞》和
5 北朝民歌《木兰辞》合称为"乐府双璧",又与唐代韦庄的《秦妇吟》合称"乐府三绝"。

6 　　《十二月花名》是中国民间传说孟姜女的故事中的选段,是中国流传最广、影响最深
7 的传统民歌之一。与白蛇传、梁山伯与祝英台、牛郎织女合称四大爱情故事。这首歌产
8 生的源头本在江苏,但现在各地都有它的踪迹①,只是各地《十二月花名》中的词句都略
9 有不同。它的歌词采用了"四季体"的写法,内容概括简练,歌曲的旋律②情绪压抑③而悲
10 伤。流传到河北以后,发生了"同体"性的变异。歌词以"十二月体"为基础,故事内容显
11 得翔实④而细致,而歌曲旋律则在江苏民歌的原有基础上"加花"装饰,显得更加婉转⑤、
12 绵延不断。这种"同体变异"的现象可以让人们明显地看到:专业的或半专业的民间艺
13 人进行了艺术上的再加工和再创造。

14 　　全曲十二段词,分别用时令、花名等作序引,叙述秦始皇时期一对新婚夫妻生离死
15 别的故事。

16 　　这个故事作为民间口头文学,约形成于唐以前;作为民间时调小曲,约形成于宋、元
17 以后。千百年来,人们用歌曲传诵⑥这个动人的故事,倾注了对主人公深切的同情,也借
18 以抒发受压迫者内心的悲怨之情。曲调流畅柔丽,感情深切,表现细腻。曲调有不少变
19 体,许多戏曲、曲艺音乐和民间器乐中都有由它演变而来的曲调。

第四套人民币1元纸币背面印万里长城

---

① 踪迹(zōng jì):行动留下可觉察的形迹。

② 旋律(xuán lǜ):音乐领域的专门术语,是由节奏、节拍、力度、调子、音色等结合起来的,也是经过艺术加工有机结
　合而成的。可译为 melody。又有"主旋律"一词,指一部音乐作品或乐章的旋律主题,或音乐演奏中一个声部的主
　要曲调,也引申为一般文艺作品的主要精神或基调。

③ 压抑(yā yì):表示情绪、感情低落,内心感到很憋闷,精神状态很不好。另表示克制、压低,自我压迫或抑制。

④ 翔实(xiáng shí):详明而真实。可英译为 complete and accurate。

⑤ 婉转(wǎn zhuǎn):声音动听、悦耳、委婉。也指说话含蓄、曲折而温和。

⑥ 传诵(chuán sòng):诗词、文章等流传诵读,或名声等流传称道。近义词有传扬、称颂。

1　

2　　　中国历史上有一个著名的典故"烽火戏诸侯",说的是西周末年周幽王为博得宠妃

3　褒姒(bāo sì)一笑,多次点燃烽火台戏弄诸侯,诸侯们最开始赶来救援,到最后不再相

4　信,最终,犬戎攻破都城,杀死周幽王,西周灭亡。这里的烽火台就是长城建筑中可以用

5　来传递军情的重要防御设施。起初,西周王朝为了防御北方游牧民族的袭击,开始筑造

6　了连续排列的城堡,到了春秋战国时期,诸侯国为了相互争霸,在本国的边境上大肆修

7　筑起长城。不过,这些诸侯国的长城长度普遍较短。秦始皇统一天下后,在战国时期长

8　城的基础上,增筑扩修了很多部分,绵延万余里,因此有了万里长城的称号。此后的王

9　朝都不同规模地修筑过长城。而在中华民族的发展历史上,长城也逐渐成为一种象征,

10　常常用来比喻坚不可摧的力量或者所依赖的重要人物,中华人民共和国国歌中的"把我

11　们的血肉,筑成我们新的长城",使用的正是这一比喻义。

12　　　如同长城一样,古代中国在建筑、水利、天文、历法、数学、医学等诸多领域都取得了

13　辉煌的成就,也为世界文明带来了巨大的推动作用。英国汉学家李约瑟在《中国科学技

14　术史》中列举了中国传入西方的26项技术,美国学者坦普尔在《中国:发明与发现的国

15　度》一书中则详细描述了中国古代领先于世界的100项技术发明。不过,李约瑟在《中

16　国科学技术史》第一卷的序言中也指出:"中国的科学为什么持续停留在经验阶段,并且

17　只有原始型的或中古型的理论?""中国的这些发明和发现往往远远超过同时代的欧洲,

18　特别是在15世纪之前更是如此。欧洲在16世纪以后就诞生了近代科学,这种科学已经

19　被证明是形成近代世界秩序的基本因素之一,而中国文明却未能在亚洲产生与此相似

20　的近代科学,其阻碍因素是什么?"这些振聋发聩的疑问,就是著名的"李约瑟问题"。这

21　一问题正式提出以后,在全世界范围内引起了热烈的讨论。学者们分析,这一问题背后

22　的根源,极有可能是中国古代的科学技术发明往往出自实用理性,而缺少了西方科学史

23　非常强调的系统科学。

24　　　尽管如此,中华民族探究科学技术的热忱从未止步。在全球化和信息技术背景下,

25　中国在航空航天、交通运输、电子信息技术、通信技术等许多领域,勇于探索,追求卓越,

26　为全世界创造着一项又一项辉煌、奉献着一个又一个突破。

27　

28　　　奇迹　民族精神

29　　　民歌　乐府　旋律　婉转

30　　　孟(伯仲叔季)　姜

31　　　重阳

32　

33　　　本篇课文出现了许多形容词(包括形容词的重叠式)。留学生在使用形容词重叠式

1　的时候,往往会出现偏误。

2　　（1）形容词重叠式的赘余。

3　　一些形容词作定语时,如"好""小"等经常会出现重叠式的赘余。例如：这件小小的
4　事,让我的好好心情变得很糟糕。一般而言,在不使用重叠式的情况下,形容词已经表
5　达出被修饰词的性质状态了,若再使用形容词的重叠式,则会因其强烈的描写功能而改
6　变原意。

7　　形容词重叠式作谓语和状语时,也会产生赘余偏误。例如：中国人常说少少说话多
8　多做事,可是我的人际关系仍然一团糟糟。"多""少"均可修饰单音节和双音节动词。
9　但是若用重叠式作状语,则往往适用于建议性的话题,它们受语境的制约非常鲜明。本
10　例中,"多""少"只是在进行一种客观描述而已。而"糟糟"作为重叠式,表现出的是较强
11　的描写功能,但不重叠的"糟"则往往出现在具有比较或者对照倾向的语言环境中,因此
12　本例句中"糟糟"明显不如"糟"合适。

13　　（2）形容词重叠式的缺漏。

14　　与赘余相对的偏误就是缺漏。例如这三个句子：①短的时间内,韩国经济得到飞速
15　发展。②市场经济需要慢地推进。③党中央紧急调集客机运送滞留旅客,大家的心里
16　暖。这三个例句分别是形容词重叠式作定语、状语、谓语时候的缺漏。

17　　虽然"短"可以搭配"时间",但是在第一句中,如果使用"的"字,则应改为"短短的"
18　或者"很短的"。第二句"慢"在句中作状语,类似的单音节形容词作状语时往往需要变
19　为重叠式,否则无法搭配动词,所以应改为"慢慢地推进"。"暖"在句子中充当谓语,作
20　谓语时如果形容词不重叠,那么它往往表示一种状态或属性持续时间久,而形容词重叠
21　之后所表示的时间长短就变成潜在的暂时性的了,因此在第三个例句中,应该改为"心
22　里暖暖的"。

23　　（3）形容词重叠式"de"的缺失。

24　　一般而言,形容词重叠式往往需要借助"的""地""得"来实现句法功能。然而部分
25　留学生受母语负迁移的影响,往往会出现"de"的缺失。例如"大大的难题"是不可以省
26　略"的"的,这也就是前面所说的形容词重叠式的描写功能较强,所以必须要加上"的"。
27　此外,语序和虚词是常常被用来实现汉语表达变化的手段,但留学生群体各自母语中未
28　必有相对应的助词,因此会出现缺失"de"的偏误。

29　**课堂练习**

30　1. 判断："三月里来正清明……孟姜女坟上冷清清"说明范杞良是三月去世的。（　　　）

31　2. 填空：《十二月花名》是押韵的,找出本诗中押韵字的韵母,请尽可能多写几个：＿＿＿＿

　　＿＿＿＿＿＿＿＿＿＿＿＿＿＿＿＿＿＿＿＿。

32　3. 选择：关于长城的说法,你认为不正确的有＿＿＿＿＿＿。

33　A. 万里长城是在月球上唯一能看到的人类遗迹

34　B. 万里长城是秦始皇统一六国后让老百姓建造起来的

C. 万里长城是"世界八大奇迹"之一

D. 万里长城是"世界中古七大奇迹"之一

E. 万里长城是"新七大奇迹"之一

4. 选择：选出文中用来衬托孟姜女形单影只（孤单冷清）的动物：_____。

A. 燕子　　　　B. 蚊子　　　　C. 雁　　　　D. 乌鸦

E. 猪羊

5. 选择：作者用"花雁竹下带书来"想要表达的是_____。

A. 花雁和竹下，他们带来了书籍

B. 借用"鸿雁传书"的典故，表达褐色大雁落在竹子下面，腿上绑着书信

C. 八月秋高气爽，大雁开始南归过冬，这景象令人思念故乡和亲人

D. 孟姜女期盼能收到丈夫的消息

6. 简答：长城在中华民族发展史上具有强烈的象征意义和美学价值，请简要陈述。

_____

_____

_____

课后思考

1. 这首民歌主要使用了什么手法表现孟姜女的凄苦境遇？请举例说明。

2. 谈谈中国古代科技成就与劳动人民的关系。

延伸阅读

《一百项中国古代科技成就》（张敏杰）

《孟姜女》（秦腔、越剧）

《古代民歌一百首》（商礼群）

第五章

民族：继往开来

【导读】

中国是一个历史悠久的多民族国家。从夏商周三代时期起，中华民族的先民就通过无数血缘部族的发展壮大，融汇聚合，逐渐形成了一个多民族的统一体。中国各民族的祖先在漫长的岁月中自强不息，交往联系，唇齿相依，共同创造了多民族的统一体和统一的多民族国家。

中国古代民族交流的方式有以下几种：第一，民族迁徙。魏晋以来，一些少数民族大批内迁，他们和北方汉族人民杂居相处；在魏晋南北朝时期，北方人民南迁江南地区等。第二，联合斗争。各族人民联合起来，共同反对统治者的剥削和压迫，使民族联系更加密切。第三，友好交往。特别是在中国古代大一统的局面下，在和平的环境中友好相处，融合加速。第四，少数民族统治者的改革。如北魏孝文帝的改革大大加速了民族融合。第五，"和亲""册封"，促进民族融合。如641年，唐太宗派人护送文成公主入吐蕃(tǔ bō)同松赞干布结婚。唐中宗又把金城公主嫁给尺带珠丹，从此唐朝和吐蕃"和同为一家"。回纥(huí hé)的首领骨力裴罗接受唐朝"怀仁可汗"的封号。713年，唐玄宗封大祚(zuò)荣为"渤海郡王"，唐玄宗封皮逻阁为"云南王"。第六，兼并战争促进民族融合。春秋时期，在诸侯争霸过程中，大国兼并小国，诸侯国逐渐减少，华夏族和其他各族接触频繁。

本章第13课《丝绸之路》以文学性的笔调重现了中国古代最为重要的陆上对外贸易商路——"丝绸之路"的商贸情景。第14课《关于话剧〈王昭君〉的创作》是中国最出色的剧作家之一曹禺对《王昭君》的创作谈，从中也可见他对"历史剧"的创作态度，读者也可由此思索如何正确认识历史的问题。第15课

1　《圆圆曲》是一首七言歌行体乐府诗,诗中写的是明末清初名妓陈圆圆的事迹,
2　反映了明末清初的政治大事,委婉曲折地谴责了吴三桂的降清行为。

3　**【关键词】**

4　　　融合　民族平等　民族精神　民族英雄

1

第 13 课 丝绸之路①

2　　一座古朴典雅②的"丝绸之路"巨型③石雕④，蠹立在西安市玉祥门外。那驮⑤着

3 彩绸的一峰⑥峰骆驼⑦，高鼻凹⑧眼的西域⑨商人，精神饱满，栩栩如生⑩。商人们在

4 这个东方大都市⑪开了眼界⑫，正满载货物返回故乡。望着这座群雕，就仿佛⑬看到

5 了当年丝绸之路上商旅⑭不绝的景象，仿佛听到了飘忽⑮在大漠中的悠悠⑯驼铃

6 声……

7　　公元前 115 年，一个天高气爽的早晨。

---

① 丝绸之路(sī chóu zhī lù)：2014 年 6 月第 38 届世界遗产大会同意中国与吉尔吉斯斯坦、哈萨克斯坦联合提交的"丝绸之路：长安—天山廊道路网"文化遗产申请项目入选《世界遗产名录》。丝绸之路起始于古代中国的政治、经济、文化中心古都长安(今陕西西安)，跨越陇山山脉，穿过河西走廊，通过玉门关和阳关，抵达新疆维吾尔自治区，沿绿洲和帕米尔高原通过中亚、西亚和北非，最终抵达非洲和欧洲。它是东方与西方之间经济、政治、文化进行交流的主要道路。其最初的作用是运输中国古代出产的丝绸，因此，当德国地理学家李希霍芬(Richthofen)在 19 世纪 70 年代将之命名为"丝绸之路"后，即被广泛接受。
② 古朴典雅(gǔ pǔ diǎn yǎ)：高雅、优雅、不浅俗、不肤浅，但同时又朴素且有古代的风格。
③ 巨型(jù xíng)：形容体积大。还有小型、中型等形容体积和规模的词。
④ 石雕(shí diāo)：用石头雕刻成的作品。
⑤ 驮(tuó)：用背负载。可译为 carry on the back。也作名词，读 duò，指驮着货物的牲口或牲口所负载的货物。
⑥ 峰(fēng)：形状像山峰的东西，这里用作量词。
⑦ 骆驼(luò tuo)：哺乳动物，躯体高大，背有驼峰，或单或双。蹄(tí)扁平，蹄底有肉质的垫。性温顺，能反刍(chú)，耐饥渴，可负重致远，是沙漠地区的重要力畜。
⑧ 凹(āo)：周围高，中间低，与"凸"相对。
⑨ 西域(xī yù)：自汉代以来，玉门关、阳关以西的中国新疆及亚洲中西部地区等。
⑩ 栩栩如生(xǔ xǔ rú shēng)：艺术形象好像活的一样，形容生动逼真。栩栩，活泼生动的样子。
⑪ 都市(dū shì)：大的城市。
⑫ 眼界(yǎn jiè)：目力所及的范围，借指见识的广度，有广狭之分。注意区分眼光、目光、眼力、境界。眼光，主要指观察鉴别事物的能力，或视线所及的长度和高度，有高低之别。目光，眼睛的光芒，也指见识、见解。眼力，常指观察事物所达到的深度和准确度。境界，指人的思想觉悟和精神修养，即修为，人生感悟。
⑬ 仿佛(fǎng fú)：好像，似乎，差不多。
⑭ 商旅(shāng lǚ)：指来往各地做买卖的商人；流动的商人。
⑮ 飘忽(piāo hū)：风、云等迅速飘移，轻快迅疾的样子；像波浪一样随风起伏。
⑯ 悠悠(yōu yōu)：可以指长久、遥远，如"长夜悠悠""念天地之悠悠"。也可以指忧愁思虑的样子，如"青青子衿，悠悠我心"。还可以指从容自然的样子，如"悠悠自得"。另外，"悠然"也较为常用，义项有安闲、闲适的样子，深远的样子，形容韵味不尽，或忧伤、徐徐缓慢的样子。

1　　　在伊朗高原北部，一位身着戎装①的将军正在安息国②边境守候。将军骑在高

2　头大马上，身后兵马不计其数。这浩浩荡荡③的大军奉安息国国王的命令，正在迎候

3　远道而来的友好使节。

4　　　东方隐约④传来一阵阵丁零⑤丁零的驼铃声，士兵们循着铃声望去，远处出现了

5　一支骆驼队，骆驼队前面飘扬着鲜艳的旗帜⑥。

6　　　"来了！来了!"安息国士兵欢呼起来。

7　　　"列队欢迎!"将军发出了命令。

8　　　骑兵疾速⑦分列两队，一左一右，摆成夹道⑧欢迎的阵势。乐队奏起了军乐，人群

9　一片欢腾。

10　　　中国使者从骑着的骆驼上下来，右手高举节杖⑨，满面笑容，大步向前走去。将

11　军翻身下马，立正⑩高呼："本将军奉命率官兵欢迎大汉国使者!"中国使者抱拳⑪，作

12　揖⑫还礼⑬："有劳⑭将军远迎。我是博望侯张骞⑮的副使，谨⑯代表大汉皇帝向安息国

13　国王陛下致敬!"将军还礼表示感谢。

---

① 戎装(róng zhuāng)：作战时穿的服装，尤指军装。"戎"字的本义是古代兵器的总称(从偏旁"戈"可以看出)，也指
军队、军事，还有中国古代西部民族的意思(西戎)。

② 安息国(ān xī guó)：帕提亚帝国，是伊朗古代奴隶制王国。建于公元前 247 年，公元 226 年被波斯萨珊王朝代替，
其疆域最大时北至里海，南至波斯湾，东接大夏、古印度，西至幼发拉底河。帕提亚人属于西徐亚的一支，汉朝取
其开国者 Arsaces 的中国古汉语音译"安息"作为国名。

③ 浩浩荡荡(hào hào dàng dàng)：浩荡，形容水势汹涌壮阔，也指像大水一样气势浩大。成语"浩浩荡荡"意思相
同。另外有"浩浩汤汤"(hào hào shāng shāng)，读音来自古代汉语，但意思相同。

④ 隐约(yǐn yuē)：不明显，不分明，依稀的样子。可译为 faint，indistinct。

⑤ 丁零(dīng líng)：象声词，指铃铛声，或者金属撞击的声音。

⑥ 旗帜(qí zhì)：各种旗子的总称，一般悬挂在杆上，是具有特定的颜色和图案的布做成的。也比喻有代表性的某种
思想、学说或政治力量。

⑦ 疾速(jí sù)：速度很快，迅疾，迅速。

⑧ 夹道(jiā dào)：两侧有墙壁等的狭窄道路。也指排列在道路两侧，短语"夹道欢迎"就是这个意思。

⑨ 节杖(jié zhàng)：古代的使臣出入关门皆有象征意义的凭证或信物(即符节)，多用竹或木制成。

⑩ 立正(lì zhèng)：士兵操练的一种姿势，两脚跟并拢，两脚尖向外分开约 60 度，身体直立，手和臂自然地下垂在身
体两侧，目视正前方，常用作口令。

⑪ 抱拳(bào quán)：一手握拳，另一手抱着拳头在胸前合拢(lǒng)，向人敬礼。

⑫ 作揖(zuò yī)：两手抱拳，在胸前合拢，身子略弯，表示向人敬礼。

⑬ 还礼(huán lǐ)：对别人敬礼的回敬。

⑭ 有劳(yǒu láo)：礼貌用语，用于拜托或答谢别人的帮助。

⑮ 张骞(Zhāng Qiān)：约生于公元前 164 年，卒于公元前 114 年，字子文，汉中郡城固(今陕西省汉中市城固县)人，
他开拓了汉朝通往西域的南北道路。张骞先后于公元前 138、前 119 年历尽艰险出使西域。西域诸国当时无史籍
记载，张骞所传述史实，记载于《史记》《汉书》中，具有重要的历史价值。

⑯ 谨(jǐn)：郑重，恭敬，谨慎，小心。

1　　　中国使者指着身后的骆驼队，说道："这是大汉皇帝敬赠①安息国国王陛下的一

2　点薄礼②。"只见每峰骆驼的背上都驮着两个大包袱③。打开包袱，各色绫罗绸缎④，

3　五彩缤纷。

4　　　安息国将军高兴地连连⑤点头，说道："盼望已久的大汉使者终于到了！我谨代

5　表安息国国王陛下，向大汉皇帝的使者赠礼。"他把手一招，四名士兵送上两个大礼

6　盒。打开一看，里面装着许多特别大的鸟蛋，每个足有斤把⑥重。这是当时中国没有

7　的鸵鸟蛋。

8　　　中国使者正要道谢⑦，将军又把手一招，走上两个人来，原来是魔术⑧师。打

9　头⑨的一个拔出一把匕首⑩，插入自己嘴里，顿时吞了下去。只见他一拍肚子，匕首又

10　从嘴里吐了出来。第二个则张开大口，喷出一团又一团火苗。魔术师的精彩表演让

11　在场的人都看得惊呆了。将军含笑⑪说道："今天是个值得庆祝的日子，特地让他们

12　前来助兴⑫。"

13　　　中国使者拱手⑬致谢，高兴地说："没想到，一条道路将远隔千里的我们联系在了

14　一起，这真是一条伟大的路呀！"

15　　　这仅仅是张骞出使西域后东西方交流的生动一幕。最初，汉武帝想联合大月

16　氏⑭抗击匈奴，张骞于建元三年（公元前138年）出使，经过匈奴时被俘。在匈奴十年

17　余，单于（chán yú）为张骞娶妻生子。后来逃脱，西行至大宛（yuān）、康居（qú），抵达

18　大月氏。然而世易时移，大月氏已不想联合作战。后停留至大夏一年有余。张骞回

---

① 赠(zèng)：把东西免费或无代价地送给别人。

② 薄礼(bó lǐ)：不丰盛、不贵重、微薄的礼物，表示送礼时的谦和。

③ 包袱(bāo fu)：包东西用的布；外包有布的包裹；比喻精神上的负担；也是相声的术语，指的是经过细密组织、铺垫，达到的喜剧效果。

④ 绫罗绸缎(líng luó chóu duàn)：中国传统丝绸纺织品的四个品种，泛指各种精美的丝织品。比喻奢华的衣着(zhuó)。

⑤ 连连(lián lián)：连续，接连不断。

⑥ 把(bǎ)：本义是拿、抓住，这里是量词的用法，"斤把重"指拿在手里大约有一斤。类似说法很多，如"尺把长"。

⑦ 道谢(dào xiè)：用言语表示感谢。"道歉""道喜""道一声再见""一语道破"中，"道"都表示说、讲、表达的意思。

⑧ 魔术(mó shù)：来源于英文 magic，中国古代称作"幻术"，俗称"(变)戏法"，也是属于杂技的一种。魔术师用别人不容易发现的手法和特殊的装置制造特殊的幻觉的行为就是魔术，它不同于魔法。术，技艺、技巧、技能、方法。

⑨ 打头(dǎ tóu)：带头、领先、起初、开头，文中指走在前头的领队，不是击打头部的意思。

⑩ 匕首(bǐ shǒu)：短剑或狭长的短刀。因为头部像吃饭用的工具——匕，所以叫匕首。

⑪ 含笑(hán xiào)：面露微笑。"含"的义项有三：一是东西放在嘴里，不咽下也不吐出；二是藏在里面、包含；三是带有某种意思、情感等，不完全表露出来。常见带"含"字的词语有含辛茹苦，字面意思是吃辣茹苦，形容忍受千辛万苦；含苞，裹着花苞、吐芽；含情，怀着感情；含泪，眼中有泪水。

⑫ 助兴(zhù xìng)：助威，助长兴致、提高兴趣。

⑬ 拱手(gǒng shǒu)：两手抱拳，以示恭敬、服从，又是单纯的礼节。

⑭ 月氏：读音有 yuè zhī、ròu zhī 等十多个不同意见。全称大月氏，是公元前2世纪中亚地区的一个游牧部族。

1　汉朝时改道,但仍被匈奴捉住,又被拘留一年多。元朔三年(公元前 126 年),匈奴内

2　乱,张骞乘机逃回,这一去已是 13 年。张骞知晓并曾建议开通由蜀(今四川盆地)西

3　南经过身毒(yuān dú,今印度)通往大夏的道路。元朔六年(公元前 123 年),张骞随

4　卫青①征讨匈奴,元狩二年(公元前 121 年)与李广②出击匈奴,张骞因迟误军期被免

5　为庶人③。后张骞复劝武帝联合乌孙(在今伊犁河流域),武帝乃拜张骞为中郎将,于

6　公元前 119 年率 300 人,牛羊金帛以万数,出使乌孙。张骞到乌孙,分遣副使往大

7　宛、康居、月氏、大夏等旁国,西域各国也派使节回访长安。从那以后,一队队骆驼商

8　队在这漫长④的商贸⑤大道上行进,他们越过崇山峻岭⑥,将中国的养蚕、缫⑦丝、

9　冶⑧铁、造纸、凿井、灌溉⑨等技术带向中亚、西亚和欧洲,将那里的苜蓿(mù xu)、葡

10　萄、核桃、石榴⑩、蚕豆、黄瓜、芝麻、无花果等食品带到中国,还有狮子、犀⑪牛、汗血马

11　等动物,也传进了中国。中国的音乐、舞蹈、绘画、雕刻,由于吸收了外来文化的长

12　处,变得更加丰富多彩、美轮美奂⑫。

13　　两千多年后的今天,每当人们凝望"丝绸之路"巨型石雕,无不引起对往日商贸、

14　文化繁荣的遐想⑬……

15　**编者按语**

16　　欧洲人很早就把中国称为"赛里斯"(Seres,丝绸之国)。拉丁文 Seres 的原意是"有

17　关丝的",一般被认为源于汉字"丝"。在公元 2 世纪前叶的西方文献中,有马其顿商人

18　遣使到达赛里斯的首都洛阳(Sera)的记载。

---

① 卫青(Wèi Qīng):生年不详,卒于公元前 106 年,字仲卿,河东平阳(今山西临汾)人。汉武帝第二任皇后卫子夫的弟弟,官至大司马大将军,封长平侯。

② 李广(Lǐ Guǎng):生年不详,卒于公元前 119 年,陇西成纪(今甘肃天水)人,西汉时期名将,连匈奴也怕他,称他为"飞将军"。元狩四年(公元前 119 年),李广在漠北之战中因迷失道路而愤愧自杀。司马迁评价其"桃李不言,下自成蹊"。

③ 庶人(shù rén):无官爵、无职位的平民百姓。

④ 漫长(màn cháng):形容时间或者道路很长,长得看不见尽头。

⑤ 商贸(shāng mào):商务贸易,做生意。

⑥ 崇山峻岭(chóng shān jùn lǐng):高大陡峭的山岭。王羲之在《兰亭集序》中写道"此地有崇山峻岭,茂林修竹"。

⑦ 缫(sāo):把蚕茧浸在滚水里抽丝。

⑧ 冶(yě):熔炼金属,用特殊方法把矿石中的金属提取出来。可译为 smelt。

⑨ 灌溉(guàn gài):把水输送到田地里,常指给农作物浇水。

⑩ 石榴(shí liu):树木名,pomegranate。中国传统文化视石榴为吉祥物,视它为多子多福的象征。

⑪ 犀牛(xī niú):rhino,奇蹄类,外形如水牛,故称犀牛。

⑫ 美轮美奂(měi lún měi huàn):盛大、鲜明、亮堂,多形容建筑物雄伟壮观、富丽堂皇。轮,高大的样子。奂,众多、盛大、繁复的样子。

⑬ 遐想(xiá xiǎng):悠远地想象,无拘无束地联想;超越现实的高远的想象。遐,远。近义词是遐思、畅想、憧憬。

莫高窟第 323 窟初唐时期壁画《张骞出使西域》

1　　　1976 年发掘的商代妇好墓中发现了产自新疆地区的玉石制品。这说明，从古代中

2　原地域的视角来看,古代中国与周边民族和国家的交往至少自商代就已开始。

3　　　之后,秦始皇三十三年(公元前 214 年)设置桂林郡(今广西一带)和象郡(今越南北

4　部和中部),汉字传入越南地区。

5　　　西汉元封二年(公元前 109 年),汉武帝东征朝鲜。次年,汉武帝设置了朝鲜半岛四

6　郡：乐浪郡、玄菟(tú)郡、真番郡、临屯郡,史称"汉四郡"。

7　　　位于日本福冈的志贺岛出土了一枚东汉光武帝赐给日本倭(wō)奴国的"汉委奴国

8　王"金印,这也印证了汉代中日两国的外交往来。而在上述的越南、朝鲜半岛、日本等

9　地,汉字一直是他们古代社会的官方文字。他们与中国一道,构成了著名的汉字文化

10　圈,又称儒家文化圈。

11　　　丝绸之路(简称"丝路")由张骞开辟。公元前 2 世纪,张骞历经 20 年,两度出使西

12　域,打通丝路,被称为"凿空之旅"。西汉末年,在匈奴的袭扰下,丝绸之路中断。公元 73

13　年,东汉时的班超又重新打通隔绝 58 年的西域,并将这条路线首次延伸到了欧洲的罗

14　马帝国。除丝绸之外,皮毛、玉石、珠宝和香料等,也是丝绸之路上的代表性商品,因此

15　丝绸之路也被称作"皮毛之路""玉石之路""珠宝之路"或"香料之路"。隋唐时期丝路繁

16　荣,胡商云集京师,定居者数以万计。唐中叶战乱频繁,丝路被阻。在宋代和横跨欧亚

17　大陆的元代之后,明代七次下西洋的郑和打通了海上丝绸之路,将对外交流扩大到东南

18　亚、印度、中东和非洲。中国的瓷器、茶叶、丝绸等远播四海八方。

19　**重点词汇**

20　　西域　西洋　使节

21　　迁徙　丝路　关

1　　　绫罗绸缎

2　　　作揖　拱手　外来文化

3　**语法偏误**

4　　　在中文里，一般在某个形容词（定语）的后面加上"的"，使定语变成形容词，而加上

5　"地"，则使这个词成为副词。例如"年轻的大汉使者飞快地说着"，"年轻"为形容词，"飞

6　快"为副词。这可以成为一条区分副词和形容词的参考。本章就谈一下副词的用法。

7　　　副词是汉语词类中用来修饰、限定动词或形容词的一类词，常用来说明动作行为或

8　性质状态所涉及的时间、范围、频率、程度、语气，以及肯定或否定，有时也会用来表示两

9　种动作行为或性质状态间的关系。

10　　　副词的主要语法功能是用来充当状语。它有时也可以修饰或限定整个句子，以及

11　修饰代词"这样""这么着""那样"等。

12　　　除了口语中会常常用到的"一定""当然""差不多""也许""别"等副词，其余副词一

13　般不单独成句。

14　　　另外，心理状态动词或形容词后面有时也可以加上表程度的"很""极""坏""透"

15　"死"等副词作为补语。

16　　　从语法作用的角度分类可以将副词大致归为如下几种：

17　　　（1）表示肯定或否定：不、非、没（有）、不用/甭（béng）、必、必须、必定、必然、未必、

18　准、的确、未、别、一定、莫、休、勿……

19　　　（2）表示程度：极（度/其）、很、挺、怪、太、非常、十分、最、顶级、多么、几乎、尤其、过

20　于、比较、绝对、更、格外、分外、一直、才、总……

21　　　（3）表示范围：也、又、都、全（部）、总体、总共、统统、共、一共、独、仅仅、只、一概、

22　净、一味、单、光……

23　　　（4）表示语气：难道、决、岂、反正、也许、大约、大概、果然、居然、竟然、究竟、幸亏、

24　多亏、何尝、到底、倒、明明、敢情……

25　　　（5）表示时间或频率：已经、曾经、早已、刚刚、正、正在、就、就要、将、将要、曾、刚、

26　才、在、永远、从来……

27　　　（6）表示情态或方式：显然、已然、仍然、逐步、逐渐、渐渐、亲自、擅自、百般、毅然、

28　忽然、猛然、公然、特意、互相、特地、大肆、肆意……

29　　　不过，不同的语法学家对副词的归类划分及具体词语的归类各有不同，这多半是因

30　为参照标准和划分理念不同所致。

31　　　这里先来看一组最常见的否定副词"不"和"没（有）"。"不"否定的是主观的判断、

32　意愿和性质状态及事实，但"没（有）"否定的是动作行为的发生或状态的实现。

33　　　当"没（有）"修饰充当谓语的动词或形容词时是副词，而用在名词、数量词前时，

34　"没"是副词，"有"是动词。

35　　　有研究认为"没（有）"不用于将来时态，但其实不然，如"下周我还没放假"等句子就

1 是成立的。

2 关系动词"是""等于"等只能用"不"否定,有些表性质状态的形容词,如"漂亮""聪

3 明""大""小""对""错"等,加上动态助词"过"之后,就可以使用"没(有)"进行否定了。

4 而能愿动词中,只有"能""要""敢""肯"可以用"没(有)"否定。

5 **课堂练习**

6 1. 判断：汉代的西域就是现在的新疆地区。( )

7 2. 填空："张骞_____西域""郑和_____西洋",为什么用的是这两个动词？因为__

8 _____。

9 3. 填空：写出"节"的三个义项。

10 A. _____

11 B. _____

12 C. _____

13 4. 选择：你认为最能代表中国文化的元素是_____。

14 A. 书法   B. 青铜器   C. 诗歌   D. 印章

15 E. 京剧   F. 丝绸

16 5. 选择：下面哪一个动作,如果不根据语境做出特殊说明,读者是不能知道它的具体的

17 做法的？_____。

18 A. 拱手   B. 抱拳   C. 作揖   D. 还礼

19 6. 简答：在本课所述的贸易过程中,当时的"两国"分别通过哪些方式来表现古代礼乐

20 文化？

21 **课后思考**

22 1. 课文所述的这条贸易之路为什么叫作"丝绸之路"？

23 2. 在经济全球化背景下如何平衡本土文化与外来文化的差异与碰撞？

24 **延伸阅读**

25 《丝绸之路》([美]比尔·波特)

26 《丝绸之路(Silk Road)》(NHK&CCTV,全12集"长安—帕米尔",1980年)

27 《丝绸之路(Silk Road)》(NHK,全18集"帕米尔—罗马",1983年)

28 《丝绸之路(Silk Road)》(NHK,全12集"海上丝绸之路",1988年)

29 《新丝绸之路》(NHK&CCTV,全10集,2005年)

第 14 课　关于话剧①《王昭君②》的创作③

曹　禺④

写历史剧，要忠于历史事实，忠于历史唯物主义⑤，同时还要有"剧"。如果没有戏剧性，别人就会打瞌睡⑥，这个"剧"字，就难了。这里，我谈谈关于话剧《王昭君》的创作问题。这个戏是敬爱的周总理⑦生前交给我的任务。那是一九六〇年以前的事，周总理指示我们不要大汉族主义，不要妄自尊大⑧。这是从蒙⑨汉人联姻⑩的问题谈起的。周总理说，要提倡⑪汉族妇女嫁给少数民族。说到有个王昭君，周总理就指着我说："曹禺，你快写！"要我写个王昭君的剧本⑫。

---

① 话剧（huà jù）：以对话方式为主的戏剧形式，19世纪末 20世纪初传入中国。

② 王昭君（wáng zhāo jūn）：名嫱（qiáng），字昭君，晋朝时为避司马昭讳，又称"明妃"，汉元帝时期宫女，西汉南郡秭（zǐ）归（今湖北省宜昌市兴山县）人。王昭君是汉元帝时期的宫女（良家子身份）。她在宫中数年也没有被皇帝注意过。匈奴呼韩邪（yé）单于（chán yú）请求和亲，昭君自愿嫁于匈奴。出塞那天，元帝第一次见到王昭君美冠汉宫，又惊又叹又怒。五个月后，元帝去世。在东晋葛洪写的笔记小说《西京杂记》中，曾把此事与宫女争宠贿赂画工毛延寿的故事联系在一起。呼韩邪单于封昭君"宁胡阏氏（yān zhī）"。二人育有一子，名伊屠智牙师，后为右日逐王。三年后，呼韩邪死去，王昭君再嫁呼韩邪单于的嫡（dí）子，二人共同生活十一年，并育有二女。王昭君死后，据说葬于"青冢"。

③ 原文是曹禺在中国文学艺术研究院召开的"历史剧与民族关系座谈会"上的发言摘要，题目是《人民戏剧》编者加的，原载于《人民戏剧》1978年第12期。为突出可读性，本文在原文基础上略有增删。

④ 曹禺（Cáo Yú）：生于1910年，卒于1996年，原名万家宝，字小石，祖籍湖北潜江，"曹禺"是笔名（将其姓氏"万"的繁体字"萬"，拆开来，"草"字头谐音为"曹"）。著有《雷雨》《日出》《原野》《北京人》等名作。

⑤ 历史唯物主义（lì shǐ wéi wù zhǔ yì）：马克思和恩格斯所创立，他们称它为"唯物主义历史理论"或"唯物主义历史观"，简称"唯物史观"，英文为 historical materialism。这一理论认为，历史的所有事件发生的根本原因是物质的丰富程度，社会历史的发展有其自身固有的客观规律。

⑥ 瞌睡（kē shuì）：非常疲倦，想要睡觉的状态；另指很短时间的睡眠。

⑦ 周恩来（Zhōu Ēnlái）：生于1898年，卒于1976年，生于江苏淮安，字翔宇，曾用名飞飞、伍豪、少山、冠生等，毕业于南开中学，早年留学日、法、德等国，是旅法共产主义小组骨干。回国后担任黄埔军校政治部副主任、主任，中共苏区中央局书记等职，参与中央苏区历次反围剿战争，并参与指挥长征。1949年后，任国务院（1949—1954年间称政务院）总理，直至逝世。1949年至1958年间还兼任外交部长。此外，他历任中共中央副主席、中共中央书记处书记、中共中央军事委员会副主席等重要职务。

⑧ 妄自尊大（wàng zì zūn dà）：妄自，自己过度地、不恰当地、胡乱地。妄自尊大指胡乱地认为自己尊贵。反义词是妄自菲薄。

⑨ 蒙（méng）：此处指蒙古族，中国少数民族之一。

⑩ 联姻（lián yīn）：通婚结成姻亲关系。也比喻两个部门或单位之间的携（xié）手合作。

⑪ 提倡（tí chàng）：倡导、提议，指出事物的优点，引导大家使用或实行。

⑫ 剧本（jù běn）：电影、电视剧等音像、影视作品的稿本，尤其指印刷出来的文本。

1　　　　后来,我到内蒙古自治区去了两次,看到了两个王昭君的墓。在蒙古族地区,王

2　昭君是一个妇孺①皆知的、极为可爱的形象,仿佛成了一个仁慈②的女神。她的坟墓,

3　又叫"青冢"(现内蒙古呼和浩特城南),包头③有,呼和浩特也有一个很大的青冢,比

4　岳坟④还大。最让人称奇的是传说妇女婚后长年不育⑤的,只要到青冢去住一夜,当

5　年就怀孕⑥,第二年就可以生一个又胖又健康的孩子。王昭君在那里不是一个哭哭啼

6　啼的妇女,而是一个美好的形象,一个神话式的人物,是蒙古族人民喜爱的汉家妇女。

7　　　　而在过去,我所看到、听到的关于王昭君的诗(包括李白、杜甫那样大诗人的)、

8　戏曲、小说、传说中的王昭君的形象,是一个悲悲切切⑦、哭哭啼啼的妇女。她极不愿

9　离开故乡,离开自己的故国。我小时候看过一个戏叫《昭君出塞》(见《青冢记》)的就

10　是这样。这出戏演得不错,语言也感动人,譬⑧如,什么"文官济济⑨全无用,武将森森

11　也是枉然⑩,却叫我红粉⑪去和番⑫"之类,非常委屈、凄怨⑬。但这完全不符合历史真

12　实。"和番"之说就稍微表现出大汉族主义思想,不是把匈奴⑭当作中国的民族,而是

13　作为异国番邦。范晔的《后汉书》上的王昭君也不是哭哭啼啼的。我还看过一本敦

14　煌⑮的变文⑯,叫《王昭君变文》的,说王昭君到了番邦,很不安心,整日思念汉元帝⑰,

---

① 妇孺(fù rú):妇女和小孩。

② 仁慈(rén cí):仁爱慈善。可译为 mercy。

③ 包头(bāo tóu):内蒙古自治区下辖市。工商业发达,为邻近各省与蒙古贸易往来的集散中心,同时也是中国西北规模最大的钢铁工业城及羊毛集散中心。

④ 岳坟(yuè fén):岳飞墓,位于杭州栖霞岭南麓(lù,山脚),建于南宋嘉定十四年(公元 1221 年),明景泰年间改称"忠烈庙"。

⑤ 育(yù):生养(子女)。也指按照一定的目的长期地教导和训练。可以搭配为"孕育""养育""教育"等。

⑥ 孕(yùn):胎,怀胎。早期字形像妇女大肚子中怀有小孩儿的样子。也常比喻酝酿(yùn niàng)、孕育着新事物。

⑦ 悲悲切切(bēi bēi qiè qiè):非常悲痛。

⑧ 譬(pì):比如,好比,举例子,打比方。

⑨ 济济(jǐ jǐ):众多的样子;整齐美好的样子。形容人多,阵容盛大。

⑩ 枉然(wǎng rán):徒然,徒劳无功,白费力气,得不到收获。不同于"惘(wǎng)然",它指心情迷茫、失意的样子。

⑪ 红粉(hóng fěn):表面意思是妇女化妆用的胭脂(yān zhī)和粉,旧时借指年轻妇女、美女。

⑫ 和番(hé fān):中原王朝与外族、外国修好,亦指和亲。中国古代中原王朝称少数民族或外国为番(蕃)或番邦。

⑬ 凄怨(qī yuàn):凄惨、凄凉、哀怨、幽怨,常常指不被深爱的人理解或遭到抛弃后的痛苦。

⑭ 匈奴(xiōng nú):又称胡,中国古代北方民族之一。战国时游牧于燕、赵、秦以北地区,始称匈奴和胡。东汉建武二十四年(公元 48 年)分裂为南北二部,北匈奴在公元一世纪末被汉朝打败,部分西迁。南匈奴依附汉朝,西晋时曾建立汉国和前赵国。

⑮ 敦煌(dūn huáng):隶属于今甘肃省酒泉市,地处甘肃、青海、新疆维吾尔自治区三省(区)的交会处。敦煌是丝绸之路的节点城市,以"敦煌石窟""敦煌壁画"闻名天下,是世界遗产莫高窟和汉长城边陲玉门关、阳关的所在地,拥有鸣沙山、月牙泉等名胜。

⑯ 变文(biàn wén):文体名,简称"变"。唐五代时期的一种说唱文学,内容原为佛经故事,后亦包括历史故事、民间传说等。如敦煌石窟中发现的《大目乾连冥间救母变文》《伍子胥变文》等。近人所编《敦煌变文集》,辑录较为详备。

⑰ 汉元帝(Hàn Yuándì):生于公元前76年,卒于公元前33年,名刘奭(shì),西汉第十一位皇帝。汉宣帝长子,生于民间,母恭哀皇后许平君。刘奭出生几个月后,其父即位做了皇帝。宣帝死后,刘奭继位,在位16年,病死,谥号为元帝,庙号高宗。

1　其实变文中写"番王"对她很好,甚至亲自为她熬药煎汤①,她死了,还专门为她着②汉

2　服戴孝③。对她这样好,她还想汉元帝,真是奇怪。

3　　　除了《昭君出塞》,还有不少写王昭君的戏。元朝马致远的《汉宫秋》就是一个,

4　但那是写汉元帝和王昭君的爱情的,戏把汉元帝写得很多情。郭老④在《蔡文姬》中

5　也提到王昭君。

6　　　关于写这个戏,周总理指示的基本精神是民族团结、文化交流。我要写一个比

7　较符合历史真实的剧(当然不能完全符合,因为历史剧不只是"历史",还有个"剧"

8　字,要有戏剧性)。王昭君是个笑嘻嘻⑤的而不是哭哭啼啼的王昭君,一个促进民族

9　团结的王昭君,一个可能为周总理赞成的王昭君。过去十多年来,由于"四人帮⑥"的

10　干扰⑦破坏,我没法写,现在我终于写出来了。目前有个好气象,不论好坏,先拿出

11　来,请人民群众提意见,错了再改。当然,我想,最好请同志们看舞台上的演出,因为

12　那是经过导演、演员、舞台美术工作者和许多同志们的处理的。此外,还有千千万万

13　的观众可以作为我的老师,为我修改。

14　　　写作过程中,有一个问题是清楚的、肯定的,即匈奴是我们自己的一个民族,不

15　是番邦外国。另外,关于王昭君的评价,翦伯赞⑧教授也有一篇文章,也讲得比较清

16　楚。他还说,接触⑨历史,许多人往往不是从正史⑩中学,却常常从历史剧中得到一些

---

① 熬药煎汤(áo yào jiān tāng):用水煮开中药。汤,本义为热水,如"赴(fù)汤蹈火",在中药中专门指一种中药类型。煎,今天变成了一种烹饪(pēng rèn)方法,即把食物放在少量的热油里炒熟。煎熬本义为长时间用水煮,但今天比喻焦虑痛苦受折磨。

② 着(zhuó):穿(衣)。还有附着、下落等意思。又读zháo,有接触、受到、燃烧等义,在动词后表示目的或结果。还读zhāo,表示计策、下棋术语等。也读zhe,为助词。

③ 戴孝(dài xiào):民间丧葬礼俗一般是子孙披麻戴孝,孝男要穿戴麻衣草帽,孝女(含媳)头顶戴粗麻布,其他亲人则腰缠一块白布(有的披黑纱)。

④ 郭老(Guō Lǎo):指郭沫若(guō mò ruò)(1892—1978),原名郭开贞,字鼎堂,号尚武,笔名沫若等。四川省乐山客家人,著名文学家、剧作家、诗人、历史学家、古文字学家、书法家、学者、社会活动家。中国新诗奠基人。现代戏剧《蔡文姬》是他专门为北京人民艺术剧院创作的一部历史剧,剧情描写了生活在距今2000多年的东汉才女蔡文姬的坎坷际遇。

⑤ 笑嘻嘻(xiào xī xī):形容微笑的样子。近义词还有笑盈盈、笑哈哈、笑呵呵、笑吟吟、笑眯眯、乐哈哈、乐呵呵、乐滋滋、乐悠悠。

⑥ 四人帮(sì rén bāng):王洪文、张春桥、江青、姚文元四人在"文化大革命"期间所结成的反革命集团。

⑦ 干扰(gān rǎo):扰乱,打扰,阻挠。另外,在物理、生态、遗传、通信等学科中,"干扰"都有具体所指。

⑧ 翦伯赞(Jiǎn Bózàn):生于1898年,卒于1968年,维吾尔族,原籍湖南省桃源县,曾任北京大学副校长(1952—1968年)、历史系主任。中国著名历史学家、社会活动家。与郭沫若、范文澜(lán)等并称为当时的马克思主义史学的代表人物。

⑨ 接触(jiē chù):接近,碰上,挨上,引申为开始学习。

⑩ 正史(zhèng shǐ):指《史记》《汉书》等以帝王本纪为纲的纪传体史书。清乾隆年间下诏定"二十四史"为正史,1921年北洋军阀政府又增《新元史》,合称"二十五史"。与之相对的是野史,旧指私人著述的史书。

1 历史知识。我小时候没看陈寿的《三国志》，看的是《三国演义》①，而"白脸"的曹操是

2 在戏曲中看到的。还有许多历史知识也是通过舞台得到的。因此，我更深深地感

3 到，历史剧虽然可以在史实的基础上做一些虚构②的文章，但不应该违背历史的基本

4 真实。（文字略有改动）

江户时代久隅守景绘《王昭君图》，东京国立博物
馆藏

清代陆昶《历朝名媛诗词》王昭君像，
乾隆三十八年红树楼刻本

5 **编者按语**

6   《说文解字》中，"娣（dì）"的意思是和姐姐嫁给同一个丈夫的女子。《尔雅》则解释

7 说，嫁给同一个丈夫的妾们，年轻的称为娣。这种一男娶多女的家庭制度在中国母系氏

8 族公社向父系氏族公社转变过程中就已然出现。那时，一个家庭内丈夫可以将妻子的

9 妹妹也娶为妻子，而发展到春秋战国时期，媵（yìng）婚制度出现了。这一婚姻制度主要

10 出现在诸侯阶层。《公羊传》中解释说一国的诸侯娶另一国的女子为妻子时，嫁女的一

11 方还必须有两个国家派送的同姓女子和男子去陪嫁，陪嫁的女子称为娣，而陪嫁的男子

12 称为侄。诸侯一般都可以一次娶妻连媵娣共九人，然后便不再娶。当然，也有学者考证

---

① 三国演义（sān guó yǎn yì）：全名《三国志通俗演义》，元明之际罗贯中著，是中国第一部长篇章回体历史演义小
说。该书以描写战争为主，反映了魏、蜀、吴三个政治集团之间的政治和军事斗争，大致分为黄巾之乱、董卓之乱、
群雄逐鹿、三国鼎立、三国归晋五大部分，成功刻画了近五百个人物形象，其中曹操、刘备、孙权、诸葛亮、周瑜、关
羽、张飞等人物形象脍炙（kuài zhì）人口。这部小说依据正史《三国志》，但又加入大量虚构情节，故有"七实三虚"
之说。该书不以敌我双方的叙述方式对待各方的历史描述，对后世产生了极其深远的影响。

② 虚构（xū gòu）：凭想象编造出来，或者伪造、捏（niē）造。

1　　"媵"的含义只是妹妹随姐姐一起嫁给另一诸侯。

2　　　媵婚的目的简单直接,就是利用联姻在新老妻媵侍奉丈夫的交接中维护两个诸侯
3　国之间的政治关系。这类通婚源于政治目的,而汉代出现的"和亲"制度也是如此。

4　　　和亲,也叫作"和戎""和番",是指中原王朝统治者将皇族女子嫁予周边少数民族而
5　完成政治联姻(多是为避免与少数民族的战争)的行为(广义也包括少数民族首领之间
6　的"和亲"行为)。自公元前 200 年汉高祖将宗女嫁给匈奴冒顿单于(mò dú chán yú)开
7　始,几乎历代都有和亲行为,史籍有记载的清代和亲公主就有近 70 人。

8　　　和亲是出于政治目的而联姻,联姻中的女子则负有艰巨的历史使命。综观历史,多
9　数和亲女子为此做出了巨大牺牲,当然也有许多女子成就了伟大功业,如历史上赫赫有
10　名的解忧公主(嫁乌孙国兄弟叔侄三任国王)、文成公主(嫁吐蕃松赞干布)等等。历来
11　人们对"和亲"政策的评判多有不同,有人认为这是一种屈辱妥协、投降卖国的政策,甚
12　至会使匈奴等更加骄横,连年抢掠,也有人认为这是封建社会维持民族友好关系的一种
13　最好的办法。

14　　　本篇课文中的王昭君在正史上其实只有寥(liáo)寥几字的记载。《汉书·元帝纪》
15　和《汉书·匈奴传》只记载了汉元帝把昭君"赐"给呼韩邪单于。但到了《后汉书·南匈
16　奴传》就出现了昭君自愿和亲之说。之后的民间传说、诗歌、戏曲甚至其他史书便层层
17　叠加,衍生出一位光耀千古、感天动地的绝世佳人形象。仅据清代胡丹凤的《青冢志》记
18　载,收有关于王昭君的诗词的书就有 230 多部。

19　　　而曹禺所进行的创作则带有时代背景下的多重因素,如:为"民族团结、文化交流"
20　服务,"为周总理赞成","比较符合历史真实",以及汲取诗歌、小说、民间文学的营养,并
21　参照民族文化传统与实际,等等。无论如何,文中传达出的历史观和文学观的确引人
22　深思。

23　**🔖 重点词汇**

24　　　正史　野史

25　　　唯物主义　戏剧性　历史观

26　　　大汉族主义　妄自尊大

27　　　和亲　番邦

28　　　为

29　**🔖 语法偏误**

30　　　本课出现了四个程度副词——最、更、比较、稍微。("最让人称奇""更深深地感到"
31　"讲得比较清楚""稍微表现出")

32　　　"最"的意思是极、极端、无比、超过同类事物,表示在性质状态、时间方位、数量质量
33　等方面的极点,可以搭配高、低、上、下、胖、瘦、大、小、多、少、快、慢、早、晚等。虽然"最"
34　常用于比较,但是所比较的事物可以不用并现。"使""让""叫"等动词前也可以用"最"。

1　　　"更"表示加深的程度,用于事物自身发展各个阶段的比较或两个事物之间的比较,
2　一般朝同一个方面比较,表示原本就有一定的程度,比基准的程度或情况又进一层。有
3　时还与"反而"连用。与"最"一样,有时比较的对象不一定需要出现,比如"某某主义制
4　度更优越"。"更"与"不仅""不但"等搭配,用在表示递进关系的句子中,相当于"尤其",
5　表示特别突出。有时,"更"还表示继续和重复,相当于"又""再"。

6　　　"比较"表示的程度不太高,按程度高低,比较<很<非常。一般"比较"只表示具有
7　一定的、不高的程度,不常用于比较,且一般不用于否定,如不可以说"汉元帝比较懦
8　弱"。相似的"较""较为"更多地用于书面语,但"较为"不能修饰单音节形容词,如不能
9　说"较为好"。

10　　　"稍微"(稍稍/略微/略略)也表示程度不高,但在修饰动词或形容词时,必须有表示
11　量小或少的数量短语(如"一些""一点儿""一会儿""一下")跟在最后。

12　　　再看一组时间副词:快(要)、就(要)、将(要)。三者都表示最近的将来。加上"要"
13　之后,时间上更有紧迫感,同时句尾常使用语气助词"了"。从时间紧迫程度来看,就
14　(要)<快(要)。

15　　　另一组时间副词"曾(经)""已(经)""刚(刚)",都表示过去某个时间里发生的动作行为
16　或状态。"曾经"修饰动词(短语)时,后面常用表示经验的动态动词"过",即"曾经+动词+
17　过"。否定格式可以使用"不曾",可以用"没(有)"代替"曾经",也可以用"曾经没(有)"。
18　"曾经"不能用于将来的时间,但"已(经)"可以,如"在下一个五年计划时就已经成熟了"。

19　　　"就""才",可以表示时间,也可以表示范围,还可以表示语气,以及修饰数量、起关
20　联作用等。

21　　　用在表示时间的词语之前,"就"表示说话人认为时间晚,"才"表示时间早;用在时
22　间词语后,"就"表示说话人认为早、快或用时少,而"才"表示晚、慢或用时多。对留学生
23　而言需要特别注意,用"才"表示已经完成的动作时,句子末尾一般不用"了"。

24　　　修饰数量时,如果"就"在数量词前,重音在"就"或"数量词"上,则表示说话人认为
25　数量少,如果重音在前面的名词上,则表示多。但"才"均表示数量少。

26　　　而如果数量词在"就""才"之前,"就"表示说话人认为数量少,"才"则表示多。

27　　**课堂练习**

28　1. 判断:"昭君出塞"与"塞翁失马"的"塞"都是指堵塞(sè)。(　　　)
29　2. 填空:汉字中"灬"基本上来自"_____"的变形,所以"熬""煎"等字均与_____
30　　有关。
31　3. 连线:请将左列的王朝名与右列的建立民族连起来。
32　　元代　　　　　满族
33　　明朝　　　　　藏族
34　　大清　　　　　蒙古族
35　　吐蕃　　　　　汉族

1　4. 选择:"目前有个好气象"的意思是_____。

2　A. 最近天气比较好

3　B. 过去十多年来,没法写

4　C. 文化艺术创作风气自由、开明

5　D. 不论好坏,先不拿出来,给人民群众提意见

6　5. 选择:主要描写王昭君的戏剧有_____。

7　A.《昭君出塞》　　B.《王昭君》　　　C.《王昭君变文》　D.《汉宫秋》

8　E.《蔡文姬》　　　F.《后汉书》

9　6. 选择:从汉字构形(表意)的角度分析,下列古代部落名或国族名中,与其他五个不同的是_____。

10　A. 蜀国　　　　B. 羌族　　　　C. 犬戎　　　　D. 北狄

11　E. 南蛮　　　　F. 东夷

12　7. 简答:周总理所赞成的王昭君应该是一个什么样的形象?

_____

_____

_____

13　**课后思考**

14　1. 结合曹禺的观点,谈谈你对历史题材文学作品的真实性与艺术性的看法。

15　2. 从中国古代"中原""华夏"这类说法中可以看到背后蕴含着怎样的价值观?

16　**延伸阅读**

17　《中国少数民族历史故事》(李松茂等)

18　《历代歌咏昭君诗词选注》(鲁歌等)

19　《昭君出塞》[秦腔/京剧/粤剧/黄梅戏/豫剧/昆曲/婺(wù)剧……]

第15课　圆圆①曲

吴伟业②

鼎湖③当日弃④人间，破敌收京下玉关⑤，

恸⑥哭六军⑦俱⑧缟素⑨，冲冠一怒为红颜⑩。

红颜流落非吾恋，逆贼⑪天亡自荒宴。

电扫黄巾⑫定黑山⑬，哭罢君亲⑭再相见。

相见初经田窦⑮家，侯门歌舞出如花。

许将戚里⑯箜篌⑰伎⑱，等取将军油壁车⑲。

---

① 圆圆(Yuányuán)：原姓邢，名沅，字圆圆，又字畹芳，因跟从养母陈氏，故改姓陈，明末清初江苏武进(今江苏常州)人。居苏州桃花坞(wù)，是"秦淮八艳"之一。

② 吴伟业(Wú Wěiyè)：字骏公，号梅村，祖籍今江苏省苏州昆山市，明末清初著名诗人，与钱谦益、龚鼎孳(gōng dǐng zī)并称"江左三大家"，又为娄东诗派开创者，其诗歌风格被后人称为"梅村体"。与《圆圆曲》中的人物命运相似，在明末清初天翻地覆的历史变革中，吴伟业与卞玉京、钱谦益与柳如是、侯方域与李香君等人的悲喜爱情故事成为那个时代一抹独特的风韵。

③ 鼎湖(dǐng hú)：荆(jīng)山，传说中轩辕黄帝铸鼎升天处，这里代指崇祯(zhēn)皇帝。

④ 弃(qì)：舍去，扔掉，离弃。

⑤ 玉关(yù guān)：原指位于今甘肃省敦煌市的玉门关，这里代指山海关。

⑥ 恸(tòng)：极其悲哀，大哭。

⑦ 六军(liù jūn)：统指明朝的军队。

⑧ 俱(jù)：全，都，皆，所有。

⑨ 缟素(gǎo sù)：白色丧服。"缟"和"素"都是未染色的素服。

⑩ 红颜(hóng yán)：美丽女子；女子美好的容颜。和"红粉"义近。

⑪ 逆贼(nì zéi)：叛逆者，叛贼，是蔑(miè)称。可译为 traitor。

⑫ 黄巾(huáng jīn)：汉末农民起义军，这里借指李自成。

⑬ 黑山(hēi shān)：汉末农民起义军，这里借指李自成。这一句说的是闪电般迅速打败李自成的军队。

⑭ 君亲(jūn qīn)：中国儒家祭祀天、地、君、亲、师。这里指崇祯帝和吴三桂的亲属。吴三桂降清后，李自成杀了吴父一家。这一句是说哭完自杀的皇帝和被杀的亲人，再和陈圆圆相见。

⑮ 田窦(Tián Dòu)：西汉著名外戚武安侯田蚡(fén)和魏其(jī)侯窦婴，这里代指当时的外戚田贵妃之父田弘遇。这一句说的是此时吴三桂在田家观看歌舞，初次见到陈圆圆。

⑯ 戚里(qī lǐ)：皇帝亲戚的家乡，借指外戚，外戚是帝王的母亲和妻子方面的亲戚。

⑰ 箜篌(kōng hóu)：古代拨弦乐器名，有竖式和卧式两种。

⑱ 伎(jì)：古代以歌舞为业的女子，也指技巧或才能，这里指陈圆圆。

⑲ 油壁车(yóu bì chē)：古代妇女乘坐的一种车子，因车壁用油涂饰，故有此名。

1 　　　家本姑苏①浣花里②，圆圆小字娇罗绮③。

2 　　　梦向夫差④苑⑤里游，宫娥⑥拥入君王起。⑦

3 　　　前身合⑧是采莲人⑨，门前一片横塘⑩水。

4 　　　横塘双桨去如飞，何处豪家强载归。⑪

5 　　　此际岂知非薄命⑫，此时唯有泪沾衣。

6 　　　熏天⑬意气连宫掖⑭，明眸皓齿⑮无人惜。

7 　　　夺归永巷⑯闭良家⑰，教就新声倾⑱坐客。

8 　　　坐客飞觞⑲红日暮⑳，一曲哀弦向谁诉？

9 　　　白皙㉑通侯㉒最少年，拣㉓取花枝屡回顾。

---

① 姑苏(gū sū)：苏州。唐代张继《枫桥夜泊》中有一句"姑苏城外寒山寺"指的就是苏州。

② 浣花里(huàn huā lǐ)：唐代名伎薛涛居住在成都浣花溪，这里借指陈圆圆在苏州的住处，暗示其名伎身份。

③ 娇罗绮(jiāo luó qǐ)：穿着罗绮(漂亮的丝织品)更娇艳美丽。

④ 夫差(fū chāi)：春秋时代吴国的君王。

⑤ 苑(yuàn)：古代养禽兽、植林木的地方，多指帝王的花园。

⑥ 娥(é)：古代指美女。

⑦ 本句用西施比喻陈圆圆之美，同时暗讥吴三桂如春秋时期吴王夫差那样好色荒政，夫差一见西施就坐不住了，吴三桂则更进一步，直接纳妾。

⑧ 合(hé)：应该。

⑨ 采莲人(cǎi lián rén)：西施。本句大意是她前生真应是西施采莲女。

⑩ 横塘(héng táng)：在今江苏省苏州市西南。

⑪ 这一联的大意是横塘里双桨摇动，船儿飞快离去，哪家的豪门硬要把陈圆圆强行买走？明末江南名妓在婚配上有很大的自主权，与陈圆圆名气相当的，大都嫁与著名文人，唯独陈圆圆被抢，身不由主。

⑫ 薄命(bó mìng)：生来命运不好，福分不大。多指女性，如"红颜薄命"。

⑬ 熏天(xūn tiān)：形容气势极盛或形容气味浓重。这两句写田家势力很大，把陈圆圆送入宫廷，但后宫也仗势欺人，陈圆圆虽然美貌无双，却没人爱惜。

⑭ 宫掖(gōng yè)：宫中、皇宫。掖，掖廷，宫中的旁舍，妃嫔居住的地方。

⑮ 明眸皓齿(míng móu hào chǐ)：明亮的眼睛，洁白的牙齿，形容美人容貌明丽。

⑯ 永巷(yǒng xiàng)：皇宫中的长巷，汉朝幽禁失宠妃嫔的地方。

⑰ 良家(liáng jiā)：指田家。这两句指把陈圆圆从宫中领回来，仍留在田弘遇家。

⑱ 倾(qīng)：使之倾倒。这句的意思是让她练好时兴歌曲来吸引贵客。

⑲ 飞觞(fēi shāng)：一杯接一杯不停地喝酒。"觞"的本义是一种酒杯。酒器中带有"角"旁的字有许多，例如角、斛、觚、瓠、觯、觞。

⑳ 暮(mù)：傍晚，太阳落山的时候。古字作"莫"，像太阳落到草丛中，后来"莫"字再加一个日，更加突出和太阳有关。

㉑ 白皙(bái xī)：指皮肤白而干净。

㉒ 通侯(tōng hóu)：秦汉时代的爵位名，属于侯爵中最高的一等，后用作武官的美称，本作"彻侯"，又称"列侯"。这句话的意思是年少有为，面白如玉，可当通侯，指的是吴三桂。

㉓ 拣(jiǎn)：挑选、选择、拾取。汉语中另有读音相同的"捡"，但它只有一个义项——拾取。唐代杜秋娘《金缕衣》中有"花开堪折直须折，莫待无花空折枝"。本文中的这一句以花枝代指陈圆圆，但以"拣"代"折"，则蕴含了作者的感情色彩。

1　　　早携①娇鸟出樊笼,待得银河②几时渡?

2　　　恨杀③军书抵死④催,苦留后约⑤将人误。

3　　　相约恩深相见难,一朝蚁贼⑥满长安⑦。

4　　　可怜思妇楼头柳⑧,认作天边粉絮⑨看。

5　　　遍索绿珠⑩围内第⑪,强呼绛树⑫出雕阑⑬。

6　　　若非壮士全师胜,争得⑭蛾眉⑮匹马还?

7　　　蛾眉马上传呼进,云鬟⑯不整惊魂定。

8　　　蜡炬⑰迎来在战场,啼妆满面残红印。

9　　　专征⑱箫鼓⑲向秦川⑳,金牛道㉑上车千乘㉒。

① 携(xié):带、提、拿、举。常见搭配有携手、提携、携带、携家带口。
② 银河(yín hé):指横跨星空的一条乳白色亮带,在中国古代又称天河、银汉、星河、星汉、云汉。这一句使用了牛郎织女的故事。放牛的孤儿牛郎和天帝的女儿织女相爱生子,但是被天帝禁止见面,每年七月七日由喜鹊在银河上搭桥,才得以见面。这里比喻陈圆圆不知何时能嫁吴三桂。
③ 杀(shā):此处为副词,用在谓语后面,表示程度之深。《古诗十九首·去者日以疏》:"白杨多悲风,萧萧愁杀人。"
④ 抵死(dǐ sǐ):拼死,拼命。
⑤ 约(yuē):信约、约定。这句话的意思是只好留下信约把人耽误。
⑥ 蚁贼(yǐ zéi):指李自成的军队,古代统治阶级对众多起义者的蔑称、诬称。
⑦ 长安(cháng ān):借指北京。
⑧ 楼头柳(lóu tóu liǔ):这是从王昌龄《闺怨》诗中而来的典故。该诗云:"闺中少妇不知愁,春日凝妆上翠楼。忽见陌(mò)头杨柳色,悔教夫婿觅封侯。"用这个典故是想强调思妇的贞洁。
⑨ 天边粉絮(tiān biān fěn xù):漫天游荡的杨花柳絮,意指轻浮。絮,棉花的纤维,或像棉絮一样的东西。这句话的意思是陈圆圆已是有夫之人,却仍被当作妓女来对待。
⑩ 绿珠(lǜ zhū):晋朝石崇的爱姬。权臣孙秀仗势劫夺,绿珠自杀。这句话的意思是李自成的部下四处搜寻陈圆圆,像孙秀当年索取绿珠那样围住了内宅。
⑪ 第(dì):贵族的大宅子。
⑫ 绛树(jiàng shù):魏文帝曹丕的宠妃,与"绿珠"一样也指陈圆圆。这句诗意思是硬是把陈圆圆叫出了屋子。
⑬ 雕阑(diāo lán):亦作"雕栏",指雕花彩饰的栏杆,形容富丽的建筑物。
⑭ 争得(zhēng dé):怎得,怎能够,并不是经过努力而获得的意思。
⑮ 蛾眉(é méi):比喻美女,此指陈圆圆。这两句的意思是,如果不是将军(吴三桂)大获全胜,哪能用匹马载她归还?
⑯ 鬟(huán):古代妇女梳的环形发髻(jì)。云鬟表示发髻高高耸起。这两句的意思是,她在马上一路传呼前进,发髻还来不及梳整,惊魂已定。
⑰ 蜡炬(là jù):蜡烛。相传魏文帝迎娶薛灵芸时,点燃蜡烛数十里。这一句的意思是,战场上像魏文帝点起蜡炬一样很隆重地迎接她。
⑱ 专征(zhuān zhēng):指军事上可以独当一面(例如诸侯),自己掌握征伐大权,不必奉行皇帝的命令。
⑲ 箫鼓(xiāo gǔ):高级官员的仪仗乐队,也借指吴三桂的军队。
⑳ 秦川(qín chuān):泛指陕西、秦岭以北的关中平原地带,因春秋、战国时期地属秦国而得名。
㉑ 金牛道(jīn niú dào):从陕西勉县进入四川的古栈(zhàn)道(古蜀道的主干线),又名石牛道。
㉒ 乘(shèng):古代称兵车,四马一车为一乘,现代汉语中则多读 chéng,意思是乘坐。

1 　　斜谷①云深起画楼②，散关③月落开妆镜。④

2 　　传来消息满江乡，乌桕⑤红经十度霜。⑥

3 　　教曲伎师怜尚在，浣纱⑦女伴忆同行。⑧

4 　　旧巢⑨共是衔⑩泥燕，飞上枝头变凤凰。⑪

5 　　长向尊⑫前悲老大⑬，有人夫婿⑭擅侯王。

6 　　当时只受声名累⑮，贵戚名豪竞延致⑯。

7 　　一斛珠⑰连万斛愁，关山漂泊腰肢细。⑱

8 　　错怨狂风飏⑲落花，无边春色来天地。⑳

9 　　尝闻倾国与倾城㉑，翻使周郎㉒受重名。

---

① 斜谷(xié gǔ)：在陕西眉县西褒斜谷东口。

② 画楼(huà lóu)：雕饰华丽的阁楼。

③ 散关(sǎn guān)：在陕西宝鸡市西南大散岭上。

④ 这两句的意思是斜谷里云深之处是她的画楼，散关前明月西落，她打开了妆镜。

⑤ 乌桕(wū jiù)：一种落叶乔木。种子外面包着的一层白色蜡层称"桕脂"，可制蜡烛和肥皂，种子可榨油，叶可制黑色染料，树皮和叶均可入药。亦称"桕树"。

⑥ 这两句的意思是，消息传遍了江南水乡，乌桕泛红，已经历过十度秋霜（从豪家强载到专征四川已是整整十年）。

⑦ 浣纱(huàn shā)：洗衣服，西施入吴宫前曾在绍兴的若耶溪浣纱，后来也用浣纱代指西施。

⑧ 这两句的意思是，消息传到江南苏州，"教曲伎师"得知她还在人世甚感欣慰（也有翻译为"可怜当年教她歌曲的伎师还操旧业"），当年名气相当的苏州名伎一起回忆同行往事。

⑨ 巢(cháo)：鸟搭的窝，亦指蜂、蚁等动物的窝。也借指敌人或盗贼的藏身之所。

⑩ 衔(xián)：用嘴含，用嘴叼。

⑪ 这两句意思是在旧巢里本都是衔泥的燕子，她却飞上了枝头变成凤凰。凤凰(fèng huáng)，传说中的百鸟之王，雄的称为"凤"，雌的称为"凰"，是象征祥瑞的鸟。

⑫ 尊(zūn)：酒杯。

⑬ 老大(lǎo dà)：年岁大。这句指的是女伴们常常在酒桌上悲叹年龄长大。

⑭ 夫婿(fū xù)：丈夫。"有人"指的是陈圆圆，这句指的是她找了个贵为侯王的好夫婿。

⑮ 这句诗的意思是当年正是为了出名、为了名声，反而受累。累(lèi)，连累、牵连、拖累；使疲劳。

⑯ 延致(yán zhì)：招来、邀请、聘请。这句诗的意思是贵戚豪门都抢着要邀请。

⑰ 一斛珠(yī hú zhū)：古代十斗为一斛。一斛珠的典故大概是唐玄宗宠爱杨贵妃，但同时也会想念梅妃，便送给梅妃一斛珍珠。梅妃悲伤并拒绝了，还回复唐玄宗诗句：长门自是无梳洗，何必珍珠慰寂寥！唐玄宗有些为难，便让乐师谱了新的曲子——《一斛珠》，传说安史之乱杨贵妃被迫死去后，唐玄宗寻找梅妃却没有找到。

⑱ 这两句诗的意思是一斛明珠的身份给她带来万斛的愁思，关山漂泊消损了她的腰肢。

⑲ 飏(yáng)：同"扬"，飞扬，飘扬。

⑳ 这两句诗是说，但也不必怨恨飘扬落花的狂风，无边春色的到来已使天地呈现芳姿。

㉑ 倾城(qīng chéng)：出自《诗经·大雅·瞻卬(áng，同"昂"）》。成语倾国倾城，原指因女色而亡国，现在形容妇女容貌极美。倾，倒、斜、歪、覆、灭。一些古人认为女人是祸水，商纣王、周幽王、汉成帝，分别被苏妲(dá)己、褒姒、赵飞燕的美色迷惑，导致国家灾难。

㉒ 周郎(Zhōu Láng)：三国东吴周瑜，赤壁之战威名大震。后代文人墨客常把其妻子小乔拿来作陪衬。此处意在挖苦吴三桂为争夺倾国倾城的陈圆圆，背负了千年罪名。

1　　妻子岂应关大计①，英雄无奈是多情。②

2　　全家③白骨成灰土，一代红妆照汗青④。

3　　君不见，馆娃宫⑤起鸳鸯⑥宿，越女⑦如花看不足。⑧

4　　香径⑨尘生鸟自啼，屧廊⑩人去苔空绿。⑪

5　　换羽移宫⑫万里愁，珠歌翠舞⑬古梁州⑭。

6　　为君别唱吴宫曲，汉水东南日夜流！⑮

"天下第一关"山海关照片（图片来源：http://www.hzlygh.com/）

---

① 大计（dà jì）：重大的谋略或计划，这里指事关民族兴亡的抉择。
② 这两句的意思是妻子怎么可以影响大局，英雄无奈过于多情。
③ 全家（quán jiā）：吴三桂全家，山海关战后吴三桂的父亲吴襄及一家三十四口人被杀。
④ 汗青（hàn qīng）：古代在竹简上书写，先用火烤竹子去湿，再刮去青的部分，以便于书写和防蛀，称为汗青或杀青，后世也表示著作完成或事情完成。
⑤ 馆娃宫（guǎn wá gōng）：吴王夫差为西施所建，在苏州附近的灵岩山。
⑥ 鸳鸯（yuān yāng）：mandarin duck，鸳指雄鸟，鸯指雌鸟。雄鸟嘴红色，脚橙黄色，羽色鲜艳而华丽，翅上有一对栗黄色扇状直立羽，像帆一样立于后背；雌鸟嘴黑色，脚橙黄色，全身整体基本为灰褐色。鸳鸯经常出双入对，被看成爱情的象征。
⑦ 越女（yuè nǚ）：指西施，泛指美女。西施是春秋时期越国人，正值越国被吴国打败，越王勾践卧薪尝胆，西施忍辱负重，被勾践献给吴王。吴王迷恋西施的美貌，最终被越国打败。
⑧ 这两句的意思是，君不见，当年馆娃宫刚盖起鸳鸯双飞双宿，花朵般的西施君王怎么看也不会餍足。
⑨ 香径（xiāng jìng）：采香径，相传吴王种花处，今名箭径，在苏州灵岩山。
⑩ 屧廊（xiè láng）：响屧廊，春秋时吴国宫廊名。吴王让西施穿木屧经过走廊，发出声响来听。屧，空心木底鞋。
⑪ 这两句的意思是，可是如今采香径尽是尘土，只有鸟在啼叫，响屧廊也不见人迹，空让青苔生长。
⑫ 换羽移宫（huàn yǔ yí gōng）：古代五音为宫、商、角、徵（zhǐ）、羽，这里是用音调变化比喻人事变迁、改朝换代。
⑬ 珠歌翠舞（zhū gē cuì wǔ）：指吴三桂沉浸于美人美酒之中。
⑭ 古梁州（gǔ liáng zhōu）：指陕西汉中，吴三桂于顺治五年从锦州来到汉中，至顺治八年一直驻扎此地。
⑮ 汉水（hàn shuǐ）：发源于汉中，流入长江。最后两句的意思是，给大家另外唱了一首《吴宫曲》（《圆圆曲》），汉水向东南日夜不停奔流。（这里"东南流"也是用的此意）

1 **编者按语**

2　　鲁迅在《且介亭杂文·阿金》中有一段有名的言论:"我一向不相信昭君出塞会安

3 汉,木兰从军就可以保隋;也不信妲己亡殷,西施沼吴,杨妃乱唐的那些古老话。我以为

4 在男权社会里,女人是决不会有这种大力量的,兴亡的责任,都应该男的负。但向来的

5 男性的作者,大抵将败亡的大罪,推在女性身上,这真是一钱不值的没有出息的男人。"

6　　这是对历史上"红颜祸水"论的有力回击。"红颜"和"祸水"原本指的是汉代的李夫

7 人、赵飞燕和赵合德,后来"红颜"代指相貌美丽的女子,"祸水"则指称惑人败事的女子,

8 或比喻祸害及恶势力。"红颜祸水"就演变成美女贻误国家的意思。这是一个伪命题,

9 赞同它则意味着不负责任地将罪责转嫁给他人,否定它则忽略了女性在历史事件中的

10 客观作用。

11 **重点词汇**

12　　声名　倾国倾城　红颜

13　　冲冠

14　　农民起义　民族大义　气节

15　　降　改朝换代

16 **语法偏误**

17　　课文中出现了表示范围的副词——只、再,以及文中不作副词却作动词的"还",这

18 里我们看一下表示范围的典型副词:都、只、还、又、再、也。

19　　"都"用来总结它前面提到的人或事物。当句子里有"每、各、所有、一切、全部、这

20 些、那些"及"随时、到处、任何"等类词语时,谓语中一般都要用"都"与之呼应。句中有

21 表示任指的疑问代词(具有周遍性)"谁、什么、哪、哪儿、哪里、怎么"等时,谓语中要用

22 "都"或"也"与之呼应,而"谁、什么、哪儿、哪 + 数量词、哪 + 几 + 量词"构成疑问句时,谓

23 语动词前也常用"都",因为这样的问句都暗含答案不是单数的事实。"都/也"也常出现

24 在"无论/不论/不管……都/也""连……都……""甚至……都……""一……都……"句

25 式中。

26　　再来看表示限定性范围的"只"。"只"有两个读音:作量词时读 zhī,作副词时读

27 zhǐ。"只"限制单个动词时,要与"不"对举使用,形成"只 V(A)不 V(B)"的格式,如"只

28 说不做"(光说不做),"只"还可以限定动词性短语,包括动宾短语、动补短语、连谓短语

29 和兼语短语。"只"修饰限定形容词时,一般只用于"只 A(A)不 A(B)"格式中,且多为单

30 音节形容词(如"只多不少"),而限制形容词短语时,一般用于表示比较意义的句子,如

31 "他只比你高一届"。有时"只"还可以修饰名词或名词性短语、数量短语、代词等。如

32 "只昨天见过""只三秒的时间""只我们知道"。要注意"只"与"光、才、就"等的区别。

33　　"还"表示动作行为继续进行或持续存在,含有"仍然、依然"的意思,尚未发生或将

要发生的动作状态也可以使用"还"，这时句中往往会有"会、想、要"等能愿动词。"还"可以表示"勉强"的意味，即把情况往程度轻的方面解释。此外，"还"可以表示出乎意料（含"居然"之意，后常用副词"真"）、加强语气、责备讥讽的意味。

"又"表示同一动作行为重复发生或反复进行，它的前后经常是重复数量词短语的组合，如"一天又一天、一回又一回、一本又一本、一张又一张"。有时，同时用两个或三个"又"，构成"又……又……（又……）"格式。在表达语气时，使用"又"可以加强转折、否定（否定句、反问句）以及强调程度之深。加强转折语气时用于表示前后互相矛盾的状况，"又"的前面常用表示转折的关联词"可、可是、而"等。

"再"与"也"不同，用于未发生的情况，常与"先、等、然后"搭配，表达现在不想或不准备进行。在形容词和方位词前时，用法略同于"更"。这里注意"再（也）不"与"不再"的不同。前者是"再＋［不＋（动词）］"结构，句末总是有"了"，含有"永远不……"的意味；后者是"不＋［再＋（动词）］"结构，意思是"没有再一次发生"。

相对于"再"，"也"在包含"无论、不论、不管、虽然、尽管、即使、就是、宁可"等的复句中，用于第二个分句，此时是否定句。

综合"还""又""再""也"的用法，"V不V"或"V不"构成的正反问句中，只有"还"能进入，由"V没/没有V"或"V没/没有"构成的正反问句中，"又"和"再"可以进入。"也、再"能进入祈使句，如"再吃点儿""也去吧"。

课堂练习

1. 连线：请将左列的古代国家或民族名与右列的发音连起来，并谈谈为何发音如此。

月氏　　　　　qiū cí

龟兹　　　　　yuān dú

身毒　　　　　kāng qú

康居　　　　　ròu zhī

2. 选择：在历史上不带有民族偏见的说法有_____。

　A. 秦并六国　　　B. 外族入侵　　　C. 汉匈和亲　　　D. 天朝上国

　E. 满汉全席

3. 选择：下列诗句中的乐器属于中国古代汉民族的传统乐器的有_____。

　A. 千呼万唤始出来，犹抱琵琶半遮面。——白居易《琵琶行》

　B. 羌笛何须怨杨柳，春风不度玉门关。——王之涣《凉州词》

　C. 锦瑟无端五十弦，一弦一柱思华年。——李商隐《锦瑟》

　D. 二十四桥明月夜，玉人何处教吹箫。——杜牧《寄扬州韩绰判官》

　E. 若言琴上有琴声，放在匣中何不鸣。——苏轼《琴诗》

4. 选择：专指女子的词是_____。

　A. 巾帼、须眉　　　B. 蓝领、红颜　　　C. 青眼、白脸　　　D. 武将、文官

　E. 落雁、红粉

5. 选择：文中出现的鸟儿，在诗中传达爱情美好的有_____。

A. 娇鸟　　　　B. 鸳鸯　　　　C. 乌　　　　D. 燕

E. 凤凰

6. 简答：作者在诗中传达出复杂多样的思想情感，请尝试从具体语句中加以分析。

_____

_____

_____

课后思考

1. 在中国古诗词中，用典是常见的一种修辞手法。通过引用古籍中的故事或词句，丰富而含蓄地表达有关的内容和思想。请结合注释，指出本诗中所用的典故，并简单分析其作用。

2. 如何评价诗歌中吴三桂的行为？

延伸阅读

《长恨歌》《琵琶行》(白居易)

《连昌宫词》[元稹(zhěn)]

《八旗狂飙(biāo)——明清百年战争史》(顾晓绿、郭强)

附： 中国历史年代表

朝代		起止年代（年）	重要事件或人物	创建人	都城
/		约前 30 世纪初—约前 21 世纪初	黄帝、颛顼、帝喾、尧、舜	/	/
夏		前 2070—前 1600	第一个国家、第一个奴隶制王朝	启	阳城
商		前 1600—前 1046	武丁中兴、甲骨文、金文	汤	亳、殷
西周		前 1046—前 771	井田制、国人暴动、共和行政、烽火戏诸侯	周武王	镐
东周		前 770—前 256	/	周平王	洛邑
春秋		前 770—前 476	春秋五霸（《史记》：齐桓公、晋文公、楚庄王、秦穆公、宋襄公；《荀子》：齐桓公、晋文公、楚庄王、吴王阖闾、越王勾践）、弭兵运动、新兴地主阶级、老子、孔子、孙子、墨子	/	洛邑
战国		前 475—前 221	战国"七雄"（齐、楚、秦、燕、赵、魏、韩）、百家争鸣、商鞅变法	/	/
秦		前 221—前 206	大一统的封建集权王朝、焚书坑儒、兵马俑	秦始皇	咸阳
/		前 206—前 202	楚汉相争	/	/
西汉		前 202—公元 8	推恩令、丝绸之路、独尊儒术、《史记》	刘邦	长安
新		9—23	王莽改制	王莽	长安
/		23—25	玄汉政权	/	/
东汉		25—220	党锢之祸、黄巾起义、佛教传入、道教建立	刘秀	洛阳
三国	魏	220—265	九品中正制、屯田制	曹丕	洛阳
	蜀	221—263	平定南中、五次北伐	刘备	成都
	吴	222—280	卫温首次出使台湾	孙权	建业
西晋		265—317	八王之乱、九品中正	司马炎	洛阳

朝代		起止年代（年）	重要事件或人物	创建人	都城
东晋		317—420	淝水之战	司马睿	建康
五胡十六国		304—439	五胡：匈奴、鲜卑、羯、氐、羌 十六国：前凉、后凉、南凉、西凉、北凉、前赵、后赵、前秦、后秦、西秦、前燕、后燕、南燕、北燕、夏国、成汉 其他：仇池、代国、高句丽、冉魏、西燕、吐谷浑、西蜀、翟魏，等等	/	/
南北朝		420—589	南朝：宋、齐、梁、陈 北朝：北魏、东魏、西魏、北齐、北周 孝文帝改革、六镇大起义、玄学盛极	/	/
隋		581—618	三省六部制、瓦岗军农民大起义、大运河、科举制	杨坚	大兴城
唐		618—907	均田制、租庸调、贞观之治、武则天、开元盛世、安史之乱、黄巢起义、唐诗	李渊	长安
五代十国		907—960	五代：后梁、后唐、后晋、后汉、后周 十国：前蜀、后蜀、吴、南唐、吴越、闽、楚、南汉、南平（荆南）、北汉	/	/
宋	北宋	960—1127	租佃制、活字印刷、指南针、火药、庆历新政、王安石变法、宋诗、宋词	赵匡胤	东京
宋	南宋	1127—1279		赵构	临安
辽		907—1125	澶渊之盟、民族文字——契丹文	耶律阿宝机	上京
西夏		1038—1227	庆历和议	李元昊	兴庆
金		1115—1234	靖康之难	阿骨打	会宁、中都
元		1206—1368	领户分封制、怯薛军、四等人制、行省、元曲	忽必烈	大都
明		1368—1644	内阁大学士、郑和下西洋、土木之变、《永乐大典》、李自成、小说、戏曲	朱元璋	应天、北京
清		1616—1911	康乾盛世、更名田、摊丁入亩、《四库全书》、鸦片战争、太平天国、戊戌变法、义和团运动	皇太极	北京
中华民国		1912—1949	/	孙中山	南京、重庆